郭书新◎著

诗意和烟火

我的语文课堂

安徽师范大学出版社

ANHUI NORMAL UNIVERSITY PRESS

· 芜湖 ·

图书在版编目(CIP)数据

诗意和烟火:我的语文课堂/郭书新著.—芜湖:安徽师范大学出版社,2022.12

ISBN 978-7-5676-5960-5

Ⅰ.①诗… Ⅱ.①郭… Ⅲ.①中学语文课—课堂教学—教学研究—高中 Ⅳ.①G633.302

中国版本图书馆CIP数据核字(2022)第230446号

诗意和烟火:我的语文课堂

郭书新◎著

责任编辑:潘　安　　　　　　责任校对:吴　琼　吴山丹

装帧设计:张德宝　姚　远　　责任印制:桑国磊

出版发行:安徽师范大学出版社

　　　　芜湖市北京东路1号安徽师范大学赭山校区　　邮政编码:241000

网　　　址:http://www.ahnupress.com

发 行 部:0553-3883578　5910327　5910310(传真)

印　　刷:江苏凤凰数码印务有限公司

版　　次:2022年12月第1版

印　　次:2022年12月第1次印刷

规　　格:700 mm×1 000 mm　　　1/16

印　　张:13

字　　数:220千字

书　　号:ISBN 978-7-5676-5960-5

定　　价:48.00元

凡发现图书有质量问题,请与我社联系(联系电话:0553-5910315)

序
追求·思考·积累

打开郭书新的书稿《诗意和烟火：我的语文课堂》，眼前不禁浮现出20多年前的情景：

94级4个班的教育实习刚刚结束，系里组织实习生进行了一次汇报实习成绩的讲课比赛，我班的郭书新同学取得了第一名的好成绩。她口语表达流利，思维清晰，教态自然，讲课富有激情，得到了评课教师的一致好评。有的老师甚至这样评价她："天生是一块当老师的料！"是呀，她确实是一块好料。我们学校当时属于师范院校，专门培养教师。我既是书新的班主任，又是长期从事语文教学论教学的专业教师。多年的教学经验告诉我，不是每个人都能培养成好老师的，唯有那种既有天赋又有志于此的人，历经雕琢，才能成为好老师。书新就是这样一名极具天赋又有志于此的学生。

后来听说，书新果然成了一位优秀的中学语文教师。她曾多次获得德州市优秀教师和教学能手的荣誉称号。毕业24年，她担任高三语文教学工作20年，她带的班上曾出现过山东省的高考状元。这样的教师，有谁能说她不是一位好老师呢？

书新的这本书，文字不是很多，但信息量丰富。书中既有对语文教学的研究和思考，又有日常的教学随想，既有教学实践的案例，又有面对师生、家长的精彩演讲，还有表现她对父母、孩子、同事情感的作品，以及她的学生当年所写的多篇散文、诗歌、随笔。

读这本书，给我这样一种强烈的感受：她是一位有追求的老师，追求的是"诗意和烟火"并存的语文课堂；她是一位善于思考的老师，诸如如何开发与利用语文课程资源、如何搞好阅读与写作教学、如何做好高三的语文复习，她都有自己的思考与探索；她是一位勤于积累的老师，凡过往的教学案例、日常的教学随想或学生写过的一篇篇习作，她能随时积累，成为后来教学研究的财富；她还是父母的好女儿、女儿的好母亲、同事的好搭档。

中学教师由于工作性质和评价机制等方面的原因，常常重教学实践，轻教学研究，满足于教学的显性效益，忽略自己知识系统相对落后、教育教学理念相对滞后、课程开发意识比较单薄等方面的问题。随着时代的发展，教师普遍存在对自己的角色重新认识与转换的问题，其中一个重要的转换就是由课程的执行者转为课程的开发者、建设者，由传统的经验型教师转为研究型教师。可喜的是，本书作者大胆尝试开发课程资源，贯通阅读与写作，连接课内与课外，取得了一定的成效。

中学教师日常教学任务繁重，工作之余，常常疏于总结、提炼和升华。殊不知，日常教学中的课堂实录、教学案例、教学反思、作文指导、命题感悟、听课感想等都是宝贵的一手资料，如果坚持记录，坚持积淀，既能提升自己的教学水平，又能夯实自己的教学理论。在本书中，我们能看到作者的坚持与进步，能感受到作者身为一名基层教育者的激情和深情。

语文教师应该是爱读书、善写作的。坚持写作，热爱生活，是一名语文教师应有的专业情怀。本书中关于亲情、友情的文字相信能引发很多人的共鸣。

课堂是教师的主阵地，会对学生产生深远的影响，在智育之外，语文教师应主动承担美育和德育的任务。在当前教育的背景下，本书作者基于应试却不止步于应试，于小说、散文、古诗的专题复习中，引导学生赏析文本，灵活多变地进行个性化的写作，带领学生感悟生活之美，发现成长之乐。这一点，对广大教师有借鉴的意义。

20年坚守高三语文教学一线，可以说付出了人生最美好的年华。抛开高考成绩谈教学是不现实的，是不食人间烟火的；仅拿高考成绩谈教育是短视的，是无视教育诗意的。在日常课堂教学中，努力发现教学之真、之美，感悟教学之善、之乐，是对教师这个职业最大的尊重。

本书内容丰富，笔触所至，是作者教学生涯的立体画卷，是作者不断成长的心路历程。如果您想了解诗意与烟火的课堂，如果您想感受烟火与诗意的人生，请您捧起此书、阅读此书。我相信，您一定会有所得。

武玉鹏

二〇二二年四月十五日

于山东烟台

（作者系鲁东大学文学院教授，硕士研究生导师，长期从事语文教学论教学与研究，曾任中国高等教育学会语文教育专业委员会理事、全国语文学习科学专业委员会学术委员会副主任）

序 追求·思考·积累

目　录

目
录

诗意和烟火：我的语文课堂

第一编

教研浅探

注重教学实践，忽视教学研究，是多数基层教师的常态。理由似乎很充分：提高成绩，用不着那么高深。

　　教学是一门艺术。新时期对教师的要求是综合的，既要有实践能力，又要具备理论素质和科研素质。教学和科研如鸟之双翼，又如车之两轮，是须臾不可分的，舍弃任何一方，都是走极端的表现。

　　在课堂之外，多一些思考和探究，多一些反思和总结，是必须，也是成长。

　　在教学研究方面，我一直是初学者，浅尝却不止。

构建诗意和烟火的语文课堂

在学校教育中，课堂承载着重要的任务：课堂是学生学习的场所，课堂是育人的主渠道。我国教师和学生数目大，毫无疑问，我们拥有世界上最广阔的课堂，课堂的呈现方式极其丰富。

高三是中小学教育的重要时期，升学是现实而直接的目标，在备考的普遍焦虑之下，为了追求升学率，在短期之内见到效益，高三语文课堂容易陷入以练代讲、以考代讲、以答案订正代替文本解读、以写作技术代替写作艺术等怪圈。于是，很多专家和名师都在呼吁，"语文课要上出语文味"，"诗意才是语文的灵魂"。然而现实是，学生喜欢"诗意的语文课堂"，却无力面对残酷的语文考试，常常是"我爱语文百千万，考试虐我千百遍"。甚至很多讲起课来诗意满满的老师，在面对现实时多少有些尴尬。

"诗意是语文的灵魂"，这很正确；分数是学生的"命根子"，这也没错。二者并不矛盾，应该相辅相成。理想的高三语文课堂应该追求效率与美感并重，讲究有效与有趣并存，为此高三语文教师要努力构建诗意与烟火共存的课堂。

一、烟火就是踏踏实实，负重前行，利用好课堂主阵地，提高语文教学的有效性

教学虽然不同于生产，但同样应该追求"有效益"，即教学目标要与特定社会和个人的教育需求相吻合，教师遵循教学活动的客观规律，以尽可能少的时间、精力和物力的投入，实现教学目标和学生的个性培养与全面发展，取得尽可能多的教学效果。工作中，高中语文教师可能都遭遇过这样的"调侃"：语文课多一节少一节没关系，看不出什么区别。如果我们巡视学生自习的情况，会发现主动学语文的屈指可数。这反映了一个很现实的问题：在很多人看来，语文学习的有效性偏低，短时间内见不到效益。解决课堂教学的有效性问题，成为高中语文教师的首要问题。有效教学就是充满烟火气的教学，要让学生在课堂上有获得感。因此，语文教师从备课到课堂流程，再到布置作业、定期测试，都要精心安排，努力保障教学的有效性。

以早读为例，如果只是让学生自由诵读，很多学生感觉不到一节自习课的收获。因此，要目标具体，量化任务，还要限定时间，当堂检查，让预设目标在固定时间达成，这就让学生感觉到切切实实的收获。

二、诗意就是机动灵活，善于引导，努力让日常的教学多一点人文情怀

每年接过新一届的高三，我都要求学生准备两个笔记本：一个是"错题"本，整理在各种考试中自己的易错点，分析总结自己的薄弱环节，错题本就像是一面镜子，时时提醒自己要规范作答，要思路清晰，要契合标准答案；另一个则是"随笔"本，高三只有9个多月，每个月我都带领学生写主题随笔，每个月的主题或由老师提供，或由学生选择，在宏大主题占据主导地位的考场作文之外，提供给学生记录生活、抒写自我、纾解情绪的渠道。十几年来，我带着学生写四季，写

颜色，写春风，写诗，写信，写小说……他们毕业多年之后，可能忘记了当初的语文知识，但当年的随笔记录了他们活跃的青春。很多学生进入大学之后，依然喜欢阅读和写作，语文教师和语文课堂对一个人的影响可见一斑。

三、烟火就是备考策略有效实用，备考过程"分分计较"

连续任教高三20年，经常有人会问：你是不是可以不用备课了？事实是：备课更加精细了。时代快速前进，高考改革如影随形。新高考对学生综合素质、学科素养的要求不断提高，同时对教师的教育理念和教育实践能力的要求也在提高。所以每一年，我都会精心研读语文课程标准、高考评价体系，把握命题要求，也会重复研究历年高考真题、各地模拟试题，寻找命题规律，总结做题经验，让自己深陷"题海"，才能渡学生顺利上岸。对每一年的高考真题，从文本选择到题目设置，从答案要点到分值分配，我都努力探寻其中的技巧，力争让学生不丢分，少丢分。

以2020年高考语文（全国Ⅰ卷）中"文学类文本阅读"海明威的《越野滑雪》为例，第9题的题干和分值如下：

> 海明威的"冰山"理论将文学作品同冰山类比。他说："冰山在海面移动很庄严宏伟，这是因为它只有八分之一露在水面上。"本小说正是只描写了这露出水面的八分之一。请据此简要说明本小说的情节安排及其效果。（6分）

此题干比较复杂，设问很新颖。遇到这类题目，不能只依赖"素养"，也要培训"技术"。仔细推敲，这个题目包括3个要素：①题干情境，即"海明威的'冰山'理论将文学作品同冰山类比。他说：'冰山在海面移动很庄严宏伟，这是因为它只有八分之一露在水面上。'"②文本指令，即"本小说正是只描写了这露出水面的八分之一"。③任务指令，即"请据此简要说明本小说的情节安排及其效果"。解答好这个题目，仅凭感觉和语文素养是不够的，还要具备"考试素养"。"考试素养"需要学生具备文本意识、文体意识、规范意识、顺序意识、分值意识等。几乎每年都会有文章被高考试卷选中而作者本人作答得分却很低的情况出现，众人批判的矛头多指向语文考试及其命题，但从另一个角度来看，也可以说文本作者具备文学素养而未必具备考试素养。在没有更好的方式可以取代高考选拔人才的前提下，踏踏实实培养学生的"考试素养"是现实的选择。

四、诗意就是课堂设计不拘一格，教学风格独具特色

追求课堂和复习的高效益并不代表高三的语文课堂只有功利和烟火，语文教师完全可以机动、灵动地利用好资料，培养学生的美感，滋润学生的心灵。

同样是复习课，在复习小说、散文、古诗等专题时，会有很多感人的故事、精彩的语言、经典的诗句，在完成试题之外，带领学生品读语言、品味人生，教师可以设计"读小说，品悲欢离合""品散文，品鉴性灵之美""赏古诗，和诗人约会"等环节，调动学生学习的积极性，鼓励他们在文字中发现诗意，在生活中发现美好。

时代大背景之下，语文教学处在一种特殊的境地。高考作为选拔性考试，需要用成绩来决定去留，纸笔测试和阅卷的特点要求考生答案要规范、思路要趋同。而文本的主观性和答案的客观性常常是冲突的，很多时候不是"有一千个读者就有一千个哈姆雷特"，而是"一千个读者只有一个哈姆雷特"。

作为首先开考的科目，语文在考试中的地位不言而喻。学好语文是必须要有积累和素养的，素养不是一蹴而就的，而是慢热的、渐进式的。在多快好省的价值需求下，语文不可能是一座孤岛。语文要坚持自己的学科属性，同时要契合时代的需求；语文课堂是灵动的，同时必须是有效的，尤其是高三，要用实实在在的成绩回应各方的要求，这不是妥协，而是真切的现实需要。

所以语文老师很多时候需要放下自己的骄傲，掌握教学技术，熟知考试技巧，解析文本，规范作答，竭尽全力提高分数；与此同时，要有自己的"倔强"，深谙教学之艺术，引领学生在语文中探寻真、赏析美、品读善，给课堂以激情，赋教学以灵动，烟火携手诗意，方可自在前行。

构建诗意和烟火的语文课堂

俄狄浦斯情结的另类展现
——兼谈《雷雨》中的悲剧性

作为文学史上的经典，曹禺的《雷雨》是高中语文教学中重要的教学材料，深刻而丰富的题旨、典型的人物塑造、浓郁的悲剧性营造以及独特的语言钩织出一幅奇妙的文学画卷。当然，整部作品当中还充斥着浓郁的现代心理学色彩，作品展现出弗洛伊德理论中的俄狄浦斯情结，增加了作品的矛盾性和悲剧性，提升了作品的艺术魅力。教师如果能以此为切入点展开教学，可以让学生对作品有一个全新认识，对人物有一个全面理解。

一、俄狄浦斯情结及"中国版《俄狄浦斯王》"

弗洛伊德的精神分析法给我们提供了看待文艺作品新奇独到的视野和评论标准，其核心理论就是对俄狄浦斯的论述。俄狄浦斯情结，又称恋母情结，是弗洛伊德在分析古希腊悲剧作家索福克勒斯的《俄狄浦斯王》时提出的一个重要概念，用来命名男孩对母亲、父亲的特定心理。弗洛伊德后来对此进一步阐述，认为俄狄浦斯情结不仅仅存在于儿子和父母之间，兄弟姊妹之间也存在。

曹禺的代表作《雷雨》是在我国植入这一理论最成功、最具代表性的文学作品，既具有浓厚的俄狄浦斯情结，又具有浓厚的中国气息，可视为"中国版《俄狄浦斯王》"。当然，《雷雨》绝非翻版，而是在我国特定的文化土壤上结出的新果实。

二、《雷雨》"弑父"情结展现及其内涵

《雷雨》这部作品中的"弑父"情结主要集中在两条线索上。

一是关于男主人公周朴园和儿子鲁大海之间的感情纠葛。可分为父子和劳资两条小线索。父子这一条线索，就是周朴园和遗弃的儿子鲁大海父子相认之间的矛盾冲突；劳资这一条线索，就是以儿子鲁大海为代表的工人阶级和以父亲周朴园为代表的资产阶级之间的对立斗争。鲁大海母子从小就被周朴园赶出周家大院，因为他们母子阻碍了周朴园继续前进的步伐，阻碍了周朴园的大好前途，这正是俄狄浦斯故事里"弃子"的表现。为了一己之私，他泯灭了良心，甚至不惜牺牲自己的女人和儿子。这是鲁大海和父亲周朴园之间的私人矛盾，可以很清晰地表现出封建统治阶级的冷酷无情和卑劣手段。故事的矛盾升级正是围绕这个来展开和延伸的。《雷雨》中的鲁大海以工人阶级的身份出现，其生父周朴园是资本家，代表着资产阶级。为了攫取最大的利润，周朴园不断剥削与压榨工人们的血汗钱，而鲁大海代表工人来谈判。从人物的阶级背景来看，父亲和儿子本身就是一对不可调和的矛盾，为"弑父"埋下了伏笔。

二是关于男主人公周朴园和儿子周萍之间的感情纠葛。周萍贵为周家的大少爷，但是自小就被父亲送到乡下寄养，没见过自己的亲生母亲，只知道是 30 年前就死了的。周萍从小就缺少父爱和母爱。他每次见到自己的父亲，总是唯唯诺诺，完全没有普通人家父子之间应有的表现。父亲的威压始终萦绕于周萍，在周萍的眼中，父亲就是权力的象征，对于父亲，周萍只有敬畏。繁漪作为后母，始终无法替代周

萍心中的亲生母亲。在这样的家庭氛围中，周萍偏执、倔强，只会服从，在内心深处，对父亲又爱又恨，充满了嫉妒和仇视，并且始终与这种心理做着痛苦的斗争，最终周萍对父亲极度憎恨并表示"愿他死，就是犯了灭伦的罪也干"。

两个亲生儿子，都对周朴园产生了仇恨的心理，或多或少有意无意地展现了弗洛伊德关于俄狄浦斯中的"弑父"情结。表面上看，是父与子之间的私人仇恨；实际上看，是被压迫者与压迫者的反抗，是不同阶级之间的对立。

三、《雷雨》"恋母"情结展示及其内涵

《雷雨》丰富和发展了"恋母"这一情结。首先是周萍和后母之间的悲剧，其次是周萍和四凤之间的悲剧。周萍和后母之间的纠葛是整部作品中最具精彩的部分，是俄狄浦斯情结中"恋母"情结最明显的体现。

从作品中的描述来看，周萍是一个很矛盾的人物形象。首先他是周家的大少爷，他不得不遵守着这个大家族里的各种规矩，但是在他的内心深处充满着激烈斗争的欲望和对自己父亲的强烈不满。周萍生活得很压抑、很痛苦，他需要感情的发泄和倾诉，他的生活环境和自身的性格特点导致了以后悲剧的发生。繁漪同样是一个矛盾的女人。繁漪出生高贵，正值花样年华，由于家庭的变故，她不得不在18岁的年纪嫁给一个比自己父亲还大的人，做着小妾，但是这个男人在物质上能够满足一个女人所有的虚荣。这种婚姻本身就是一种交易。繁漪的悲剧在于：能够清醒地认识，但无力改变，她的精神受到摧残，生活里充满了失望、压抑和怨恨。周萍和繁漪，这两个人的内心，都有深深的冲突，极度失望而极度压抑，年龄差不多，日日生活在同一个公馆中，畸形恋情的产生是俄狄浦斯情结造成的。

再看周萍与四凤之间的关系，也是俄狄浦斯情结造成的。周萍纠结于和繁漪之间的特殊关系，想尽快地逃离这个泥淖，他遇见四凤，

以为能让自己解脱，却不想陷入一个更加无法自拔的危险境地。如果说他和繁漪之间产生特殊关系，是为了各自的报复和慰藉自己，那么他和四凤之间产生特殊关系，是真正相爱。四凤青春、纯洁、活力洋溢的少女形象，像一股新鲜的血液，注入这个大家庭，带给他一种重生的感觉。这一次，他爱得真切，结果痛得真切：他痛苦于繁漪的重重阻挠，痛苦于爱情不能自豪地公布于众，更令他痛苦的是，四凤竟然是自己的亲妹妹。周萍无奈，只能用那把"矿上的手枪"结束了自己的生命。

无论是"弑父"情结的展现还是"恋母"情结的展现，其背后都是人性的压抑和反抗，个人如此，一个积贫积弱的民族也是这样。《雷雨》里是一群被压抑的人，社会中是一个被压抑的民族，当怨恨积累到一定程度，只会爆发大规模的搏斗，就像《雷雨》的高潮部分。因此，我们要看到《雷雨》承载的现实意义：20世纪20年代，在中国这个半殖民地半封建社会的沉闷抑郁的空气里，一场改变现实的大雷雨正在来临。

[原载于《语文教学与研究》2021年第12期下半月刊（综合天地），略有改动]

俄狄浦斯情结的另类展现——兼谈《雷雨》中的悲剧性

适时把握教育契机　创新挖掘教学资源

——由《致谢》引发的读写探究

近日，中科院一篇博士论文的《致谢》在网络走红。作者在《致谢》中回顾自己如何与命运抗争而走出小山坳的经历，全文无一字言谢，却打动了大批网友，读者收获了满满的感动和无穷的力量。

距离高考只有40天了，高三学生面临着巨大的压力。这压力来自繁重的学习、频繁的考试，也来自沉重的心理负担。最近总有学生找到我，倾诉他们的焦虑，表达他们的困惑，甚至一向自信、活跃且很有实力的学生都开始怀疑，不停地问："老师，我哪里有实力啊？""老师，我怎么觉得费了那么大的气力，还是被别人轻松超过啊？"

面对学生的追问，很多时候，老师善意的宽慰、耐心的劝说都显得有些苍白。这个时候，黄国平博士的《致谢》来了，宛如及时雨。作为一名高三语文教师，我敏锐地感觉到这里面大有文章可做。

一、立足语文教学，变"热点"为教学资源，积累写作素材，学习写作特点，见贤思齐，读写结合

黄博士的《致谢》，语言朴实无华，表达形象生动，对个人际遇娓

娓道来，字字含情，蕴含着人生的大智慧。这种"发乎情，止乎礼"的写作本身就值得学习。反观有的学生的考场作文，往往空洞无物，呐喊式、口号式的文章居多，缺少个人的真情实感，而《致谢》"文中有我""文中有情"，以一个人的诉说，触动了很多人内心柔软的角落。

《致谢》走红后，黄国平给网友写了一封信，一如既往地冷静，透露着作者淡然、坦然的态度。各媒体从不同的角度予以点评，有不少是不错的范文。我系统梳理这些文章，整合成语文学习资源，设置了具体的阅读任务，指导学生从语文学科核心素养的角度品读和积累。

我设置的具体任务是：

> 1.大声诵读黄国平博士的《致谢》，勾画、背诵你认为精彩的句子。
>
> 2.诵读媒体评论和网友点评，分析不同的点评角度；勾画观点句，背诵精彩句子；在诸多评论中选择自己认为最精彩的一篇，分析其标题、结构的特点。
>
> 3.总结黄国平博士《致谢》事件可适用的写作角度。
>
> 4.阅读下面的材料，根据要求写作：
>
> 距离高考还有40天，你应该有对未来的憧憬，有对成功的渴望，也会有对自己实力的怀疑与肯定，对未来的想象与迷惘，或许也还有大战来临前的焦虑与紧张……
>
> 读完黄国平博士的《致谢》，了解了他的故事，你有何触动和感悟？
>
> ①请给黄国平写一封信，交流一下你读完《致谢》的真实感受。字数不限，态度认真，感情真挚。②写一首小诗，表达你的感受和思考。（可二选一）

写作环节的设计是基于语文学习本身的需要，有培养学科素养、提升语文成绩的需求在里面，但是如果仅停留于此，未免太过功利，也会使语文课堂少了人文色彩。

因此，在读写的同时，我充分发挥语文课堂立德树人的优势，挖掘人物的精神力量，激励高三学子克服困难、奋发有为。在高等教育已经完成从精英化向大众化、普及化转变的今天，"寒门贵子"之"贵"并不局限于他们现在职位有多高、财富有多少，而是在于他们身上拥有的宝贵精神力量——没有怨天尤人而指责命运不公，没有因为现实的挤压而心理失衡、迷失自我，始终自强不息，百折不挠，始终热爱生活、善待他人，让世界变得更加美好，哪怕身处困境理想之火也不灭、赤子之心也不失、奋斗之志也不移。这种精神的力量是参加高考的学子应该具备的。

诚然，有些孩子家境不错，未必需要靠高考改变命运，但是只要面临高考就有考好的期望，而有期望就伴随着压力。如何迈过这道坎？如何度过高考前这短暂又漫长的几十天？这需要激发学生自身的斗志和内驱力。黄国平博士的《致谢》正是揭示了这样一个道理：求学路上会遇到困难，但是困境之中更要奋斗，唯有奋斗才能爬上这个坡，最终走上顶峰，看到无限风光。

二、善于联系，从一类事件中找出共同之处，进而让学生感知，"学海无涯苦作舟"不是一句空洞的口号，这苦有物质贫乏之苦，也有精神磨砺之苦

有网友评论，黄国平博士的《致谢》是"现代版《送东阳马生序》"；还有网友指出，黄国平身上有着《平凡的世界》中孙少安、孙少平的影子。借助这样的横向联系，可以让学生深入感受这种"于逆境中奋进、处低谷时努力"的精神，而这种精神是很多人求学路上必需的东西。自古如此，成功没有捷径，优秀的成绩是奋斗出来的。黄国平博士像是一面镜子，照见每一个拼搏奋斗的自己。

黄国平博士的《致谢》给了学生很大的触动。在大声诵读环节，有不少学生很是动情，甚至流下眼泪。或许他们对黄国平的贫穷处境不能感同身受，但是，那种处在逆境中不屈与奋斗的精神是共通的。

学生给黄国平的信写得可圈可点，少了无病呻吟，少了空话套话，少了应试的华丽或枯燥，多了真情实感，真正做到"文中有我"，"我手写我心"。

生活很是精彩，网络信息非常发达，很多热点、时事蜂拥而来又

风卷而去。教师要善于捕捉信息，在浩如烟海的各种资料中及时发现与挖掘教学资源，把握与利用好教学契机，这样，就可以让语文课堂多一些鲜活之水，让学生的语文素养和精神品质在潜移默化中慢慢提升，也让学生始终在大时代的环境中学好语文、用好语文。

愿每一位语文教师都多一双慧眼、多一分激情，这样我们的语文课堂就会多一分生动，我们的语文学习就会多一分美好，学生的求学之路就会多一分温暖。

附：《致谢》原文及学生习作

致　谢

黄国平

我走了很远的路，吃了很多的苦，才将这份博士学位论文送到你的面前。

二十二载求学路，一路风雨泥泞，许多不容易。如梦一场，仿佛昨天一家人才团聚过。

出生在一个小山坳里，母亲在我十二岁时离家。父亲在家的日子不多，即便在我病得不能自己去医院的时候，也仅是留下勉强够治病的钱后又走了。我十七岁时，他因交通事故离世后，我哭得稀里糊涂，因为再得重病时没有谁来管我了。同年，和我住在一起的婆婆病故，真的无能为力。她照顾我十七年，下葬时却仅是一副薄薄的棺材。另一个家庭成员是老狗小花，为父亲和婆婆守过坟，后因我进城上高中而命不知何时何处所终。如兄长般的计算机启蒙老师邱浩没能看到我的大学录取通知书，对我照顾有加的师母也在不惑之前匆匆离开人世。每次回去看他们，这一座座坟茔都提示着生命的每一分钟都弥足珍贵。

人情冷暖，生离死别，固然让人痛苦与无奈，而贫穷则可能让人失去希望。家徒四壁，在煤油灯下写作业或者读书都是晚上最开心的事。如果下雨，保留节目就是用竹笋壳塞瓦缝防漏雨。高中之前的主要经济来源是夜里抓黄鳝、周末钓鱼、养小猪崽和出租水牛。那些年里，方圆十公里的水田和小河都被我用脚测量过无数次。被狗和蛇追，半夜落水，因蓄电瓶进水而摸黑逃回家中；学费没交，黄鳝却被父亲偷卖了，然后买了肉和酒，都是难以避免的事。

人后的苦尚且还能克服，人前的尊严却无比脆弱。上课的时候，因拖欠学费而经常被老师叫出教室约谈。雨天湿漉着上课，屁股后面说不定还是泥。夏天光着脚走在滚烫的路上。冬天穿着破旧衣服打着寒战穿过那条长长的过道领作业本。这些都可能成为压垮骆驼的最后一根稻草。如果不是考试后常能从主席台领奖金，顺便能贴一墙奖状满足最后的虚荣心，我可能早已放弃。

身处命运的旋涡，耗尽心力去争取那些可能本就是稀松平常的东西，每次转折都显得那么身不由己。幸运的是，命运到底还有一丝怜惜。进入高中后，学校免了全部学杂费，胡叔叔一家帮助解决了生活费。进入大学后，计算机终于成了我一生的事业与希望，胃溃疡和胃出血也终与我作别。

从家出发坐大巴需要两个半小时才能到县城，一直盼着走出大山。从炬光乡小学、大寅镇中学、仪陇县中学、绵阳市南山中学，到重庆的西南大学，再到中科院自动化所，我也记不清有多少次因为现实的压力而觉得自己快扛不下去了。这一路，信念很简单，把书念下去，然后走出去，不枉活一世。

世事难料，未来注定还会面对更为复杂的局面。但因为有了这些点点滴滴，我已经有勇气和耐心面对任何困难与挑战。理想不伟大，只愿年过半百，归来仍是少年，希望还有机会重新认识这个世界，不辜负这一生吃过的苦。最后如果还能做出点让别人生活更美好的事，那我这辈子就赚了。

我的路

王宁宁

当我闭上双眼

泥泞的道路上

脚印深深浅浅

带着年迈祖母深情的嘱托

还有走出去

不枉一生的信念

年少的字典里写满

苦难　苦难　苦难

当我睁开双眼

洁净的研究所里

精密的仪器堆满

带着导师的教导

还有造福他人

赚这一生的意气

青年的旋律中奏响

向前　向前　向前

于是在风雨如晦中生长

于是在漫漫长夜里绽放

于是步履铿锵

过尽了千帆

仍少年

写给黄国平

甄立君

你用肩膀
慨然扛起命运的重担
我用纸笔
试图迎接人生的挑战

你从山里走到山外
二十载
足迹印满了山
我从童年走到少年
十年寒窗
梦想触摸蓝天

你有光明
从泥泞中
奔赴理想彼岸
我无黑暗
在宁静中
鼓起未来的风帆

积极创设情境　巧妙激发生成

——新高考背景下现代诗歌的读与写

随着教育改革的深入发展，新课程致力于追求开放、互动、动态、多元的课堂教学形态，反对教师按照预定的模式对学生进行一味的"塑造"，强调教学的过程性，突出教学的个性成分，追求学生的生命成长。教育部制定的《普通高中语文课程标准》（2017年版2020年修订）明确指出：语文课程应引导学生在真实的语言运用情境中，通过自主的语言实践活动，积累言语经验，把握祖国语言文字的特点和规律，加深对祖国语言文字的理解和热爱，培养运用祖国语言文字的能力。同时，《普通高中语文课程标准》（2017年版2020年修订）对学生的语文学科核心素养明确界定：语文学科核心素养是学生在积极的语言实践活动中积累与构建起来，并在真实的语言运用情境中表现出来的语言能力及其品质。这些要求都在释放着一个信号：我们的课堂教学要关注教学过程，关注互动性的教学生成，要让课堂给学生提供生命成长的机会。

教育家苏霍姆林斯基在《给教师的100条建议》中指出：教育的技巧并不在于能预见到课堂的所有细节，而在于根据当时的具体情况，捕捉一些有价值的细节，巧妙地在学生不知不觉中作出相应的调整和变动。这就要求教师要根据课堂中的互动状态，及时调整教学思路、教学行为和教学形态，及时利用课堂中的真实情境，创设任务，激发课堂生成。

"生成的课堂"是素质教育背景下语文新课程标准的必然要求，也是广大语文教师适应新课程实施创新教学的必备基本能力，还是对教师课堂积累、课堂机智的检验。

笔者在具体的教学过程中，经常用心创设情境，让学生沉浸其中，同时适时捕捉课堂契机，在动态的课堂过程中，自然达到"生成"。具体来讲，在日常教学中要注重以下几点：

一、学以致用，由读到写

高中语文教材（必修上册）第一单元选取了几首现代诗歌，而学生对现代诗歌是比较陌生的，意象的丰富、语言的凝练、表意的含蓄都给学生的阅读带来了困难。同时，现代诗歌具有高度的主观性和抽象性，学生难以理解作者的意图，容易望文生义，不易深入学习。在这个单元，结合作品的特点和学生的课堂反应，有意识地引领学生由意象入手，赏析诗歌，进而创作诗歌，这是教学现代诗歌很好的途径。

例如，在学习昌耀的《峨日朵雪峰之侧》时，结合作者所选用的意象"太阳""山海""石砾""岩壁""蜘蛛"等，引领学生了解选取意象的意图，以及利用意象来传达感情的技巧。在同学们对诗歌的意象产生浓厚的兴趣之时，可以借此契机鼓励学生进行创作。

教师启发：我们身边看似普普通通的人物、景物、事物形象，如果倾注了作者的情感，就成了一个意象，而这些意象可以很好地表达出作者的情感。

教师列举几个形象（如教室、操场、校服、书本等），要求写一首小诗，固定情境是"毕业"，有情景，有情绪，形象也就成为意象了。同学们可以根据自己的需要适当增删形象。

给出了情境和形象，就像给了米和锅，学生有了写作的支架，一时间学生情趣高涨，纷纷快速创作，有的小诗能让人眼前一亮：

毕　业

叶子浓了/知了叫了/教室空了/我们走了

花儿谢了/蝴蝶飞了/操场静了/我们散了

离　别

厚厚的书/塞不进小小的书包

长大的我们/要离开母校的怀抱

校服旧了/舍不得丢掉

穿在身上/满满的全是离别的味道

同学们在特定情绪的影响下，创作的兴趣倍增，不时有"金句"冒出，引发大家的共鸣。在动笔写的时候，他们体会到意象的作用，进而也体会到阅读他人的诗歌时，需要由意象入手，去感受作者的情绪，感知作者的创作意图。

这样的课堂是鲜活的。课堂不是生硬预设，也不是教师一个人表演，而是师生互动，生生互动，学生非常有获得感。

二、挖掘资源，读写结合

新授课可以做到巧妙读写，复习课同样可以读写共生。这需要教师抓准契机，激发学生兴趣，促进课堂生成。

对现代诗歌的考察，不同时间、不同省份的命题形式各有不同，2019 年和 2020 年天津的试题中都有涉及。以 2019 年为例，其命题形式如下：

下面这首诗曾获某杂志主办的征文大赛一等奖，请品读该诗，说明获奖理由。要求：不少于 3 点理由，100 字左右。

你还在我身旁
戴 畅

瀑布的水逆流而上
蒲公英的种子从远处飘回，聚成伞的模样。
太阳从西方升起，落向东方。

子弹退回枪膛，
运动员回到起跑线上，
我交回录取通知书，忘了十年寒窗。

厨房里飘来饭菜的香。
你把我的卷子签好名字，
关掉电视，帮我把书包背上。
你还在我身旁。

这首诗构思巧妙，形式新颖，激发了学生极大的兴趣，同时"录取通知书""饭菜""卷子""电视""书包"等日常生活中常见的意象，引起学生强大的共鸣。对它的处理，如果仅仅停留在完成后面的习题或者泛泛的鉴赏层面上，就太可惜了。我鼓励学生根据这首诗的特点，并结合自己的经历和感悟进行仿写。有一位同学创作《2020，你还在我身旁》，获得了大家一致好评。

2020，你还在我身旁
杨嘉迅

洛杉矶的瀑布逆流而上
西班牙人长发飘扬
大鲨鱼还是青涩模样
斯特恩回到选秀大会上
来自费城的13顺位即将登场……

巡航导弹从空中飘回，乌克兰客机落回机场

美军基地的碎片聚回一团，变成弹道导弹，退回弹仓

高官的表情又鲜活，捕食者无人机再次匿藏

我站在长廊，你靠在我身上

2020 还在我们身旁

　　这种课堂设计不仅加深了学生对诗歌本身的印象，还提升了学生写作的能力，在写作的过程中，美育和德育的渗透是润物无声的。毕业后，课堂上的知识或许会遗忘，但是这种情境中的课堂生成会成为他们美好的记忆。

　　很多课堂生成看似是灵光一现，却需要教师转变教学思维，提升课堂智慧，才能抓住教学契机。只有在日常的课堂学习中养成在情境活动中解决问题的能力，才能在考试中面对复杂情境时，利用所学，抽丝剥茧，找出问题的根源，从而正确解决问题。

三、抓住情境，激发诗心

　　高考评价体系明确要求：高考以生活实践问题情境与学习探索问题情境为载体，回归人类知识生产过程本源，还原知识应用的实际过程。

　　我们的教学应该注重培养学生在真实情景中及时解决问题的能力，学与练结合，读与写结合，生活情境与学习情境结合。教师在日常教学中创设开放的课堂，授之以渔，能帮助学生提升学科素养，进而提升考试素养。

　　《普通高中语文课程标准》（2017年版2020年修订）要求：结合所阅读的作品，了解诗歌、散文、小说、剧本写作的一般规律。捕捉创作灵感，用自己喜欢的文体样式和表达方式写作，与同学交流写作体会。在教学提示中建议，教师创造更多展示交流学生作品的机会或平台，激发学生文学创作的成就感。因此，教师要发掘并激发学生主动

学习的情趣，教与学密切结合，不断产生有价值的课堂生成。

2020年疫情期间，有一次上网课——当时已经居家学习一个多月了，我了解到同学们非常怀念在学校上课的时光，怀念能自由出入，怀念烟火气的人生。听着学生的倾诉，一个念头在我脑海闪现：学生的这种感悟和体会，就是很好的情境，在这种情境中鼓励学生写短诗，他们应该有话可说。于是，我马上调整教学内容，改为短诗写作，具体要求如下：

> 疫情改变了我们的生活和学习状态，很多在过去习以为常的，现在可望而不可即；过去触手可及的，现在变得奢侈。居家学习的你，对这段生活有何感慨？面对未来有何期许？请自选意象，写出内心最真实的感受。

有了具体的情境，有了表达和交流的欲望，学生的创作激情被激发了出来。即时创作的诗句全部发送到聊天框里，一边交流一边汇总，一节课下来，课堂生成的结果出乎我的意料：他们作品，定名为"我对这人间烟火气，犯了相思"，发到学校公众号上，或许意蕴尚显单薄，但是意象丰富、情感真挚，真正做到了"我手写我心"。

想念自嗨锅想念小土豆
在家美食吃个遍
却没了书香的味道

（阚立言）

常在太阳升起前踏入校门
胸中是无奈
如今，好怀念一中上方的月色

（于丁鑫）

在社交软件上反复倾诉的思念
都不及

相聚时的一个大大的拥抱

（王新瑶）

春天从来不会缺席
春暖花开
我要第一个拥抱你

（甘若玮）

鸡蛋灌饼去晚了要排队
冰沙走慢了会化掉
趁我不注意咬一大口的人没有你

（张笑寒）

我戴着口罩在空荡的街上发呆
其实心里的想法很简单
只想和你吃一份加蛋的烤冷面

（常佳蕙）

手机里发的消息
听筒里模糊的声音
都不及，抬头时见了你

（秦文璇）

陪伴家人的时光要好好珍惜
因为我们只是被困在了家中
而有些人被永远地困在了2020

（杨嘉迅）

　　学生的即兴小诗，字里行间透露着对正常学习生活的渴望，流露出对战胜疫情的希望。这次活动对培养正确看待困难、乐观对待现实、锤炼意志、提高审美都有帮助。事后家长纷纷表示感谢，感谢教师在学生居家学习最迷茫、最倦怠的时刻给了他们抒发感情、宣泄情绪、表达渴望的机会。这不仅仅是一堂语文课，生成的也不仅仅是一些小诗，而是学生的集体记忆和共同成长。

《高考评价体系》提出，要减少对静态知识的直接考查，而将考查重点放在能力和素养的培养过程中必须具备的可迁移的知识上。面对新的考查要求，我们的课堂教学必须做出必要的调整和改变，我们只有在课堂上努力培养学生的能力和素养，才能使学生最终具有应对这种考查的能力和素养，我们的课堂是动态开放的，学生的知识和能力才能是动态提升的。

高考改革一直在路上，期待我们的课堂能给学生更多的希望。

拾取生活谷粒　播种作文田园

——高中语文写作训练中的一点做法

又一年的高考结束，最能引发热议的应该是各地的作文了。综观2012年全国各地的作文题目，其内容呈现以下特点：

第一，贴近社会现实，关注人性美好。例如，安徽省的"不用时请将梯子横放"，北京的火车巡逻员的故事，重庆的拯救深陷冷库的工人，全国新课标及陕西、海南的修船工的故事。

第二，立足时代发展，重视精神塑造。例如，浙江省的"坐在路边鼓掌的人"，辽宁省的"人要隐于音乐背后"，福建省的"运动中的赛跑和人生中的赛跑"。

这些高考题目在传达一个信号：高考作文，注重引导学生观察生活、了解生活，正在努力把学生从以往的时评类写作中吸引过来，让年青的学子从云端来到凡间，让他们学会静静地体会生活、感悟生活，关注凡人凡事中蕴含的人生价值。

然而，看看学生的写作现状，不容乐观。立意雷同、千篇一律、套话空话的作文还是占很大篇幅，那些能引起阅卷老师激情的、能有感动点的文章还是少之又少，有的学生的作文如一个个木偶，有着人的形状，却少了人的情感。造成这种现象的原因很多：学生的生活单一，阅读面窄，获取材料的途径大体相同，因此想写出让人眼前一亮的文章实在是"无米下锅"。另外，受传统作文训练的影响，学生写文章，喜欢板起面孔说教，以为言辞宏达且态度严厉便能把道理讲清楚，殊不知，适得其反。

笔者在近几年的作文教学中，尝试引导学生写"主题随笔"，引导学生观察生活、感受生活、品味生活，从生活这片广阔的天地中去拾取谷粒，在作文这块田地里播种。具体做法如下：

第一，每周布置一个主题，全班同学围绕这个主题书写随笔。主题的命制紧密联系生活，有比较大的想象和联想的空间，可以给学生自由发挥的余地，但是又不是无序地随意写作。已经陆续写完的主题有"四季""颜色""温度""形状""味道""声音""情绪""玩具与游戏""天气"等。

第二，及时交流，互相借鉴。随笔由教师先浏览、粗批，做到心中有数后，分小组集体批阅。学生推选出自己欣赏的随笔，在班内交流。大家公认的好文章，打印出来，在班内传阅。

第三，定期评优奖励。每四期随笔后，班里集体交流讨论，选出四篇最喜欢的文章，给被选中的同学颁发奖品，如一本书、一朵小红花、一颗棒棒糖。

主题随笔写作活动收到了良好的效果：

第一，学生开始自觉地观察生活，去捕捉生活中的细节，学会展开思维，进行联想和想象了。如，在写"颜色"主题的时候，曹怡然同学的《老孙的粉红年代》，写母女之间为了一件粉红的卫衣，持久地冷战，最终她懂得那粉红是母亲对女儿最温柔的爱，行文流畅，生活小事信手拈来，既围绕"颜色"这一主题，又写得生活气息十足，让人读后产生共鸣。李悦同学的《黑白配》，写爸爸妈妈就是那最简单又最经典的黑白配，在生活琐事中演绎着最简单的爱。在"味道"主题随笔中，陈静茹的《那些年我们一起吃过的雪糕》、徐东野的《奶奶的小米粥》、李婉琳的《茶香》，都是在对生活经验挖掘与整理后，写出了自己独特的感受，能引起阅读者的共鸣。"形状"主题中，李若楠在《奶奶的戒指》中写道：

　　　　银色的质地上雕着一尾游鱼，已经被磨损得模糊不清，旮旯里还有些油腻腻的洗不掉的污垢，我从来不敢请求她摘下戒指，但是我猜想那戒指下的皮肤一定是洁白光滑的，代表了一个女人曾经的美丽。我一直认为一个女子是需要有属于自己的戒指的，一枚小小的圆环，便套住少女纷繁柔软的情愫，套住一个女子仅此一次的绚烂花期。

　　娓娓道来，用细节打动人，情感真挚而细腻。还有刘菁的《石榴树下》、付浩的《椭圆的爱》、赵琛的《方正天地》，同样在主题范围内延展开来，挖掘与整理了自己的记忆，用细腻的笔触去描绘自己的生活，用发散的思维去展示自己的思想。文章呈现的个性多了，有烟火气了，就可读了。

　　第二，写考场作文的时候，会自觉联系平时的练笔，立意新颖，切入点小，有自己的真感情了。以往的考场作文，千人一面，讲道理不会以小见大，不会具体而微，议论往往空泛无味，叙事则像流水账，语言单调，缺少情感。多次的主题随笔写下来，学生的考场作文出现了变化。在一次以"位置"为话题的考场作文中，付璐的《做一只努力的麻雀》、朱龙翔的《不深不浅种荷花》、曹怡然的《以后，让我站在你的身前》等，都取材于平时的主题练笔，写出的或是散文或是记叙文，有波折，有可触可感的细节，人物有血有肉了，思考有深度了。在写"未来"为话题的考场作文时，出现了十几篇很不错的文章。如高天瑶的《野百合也有春天》、刘凯乐的《长大后我就成了你》、王梦琪的《飞向未来的纸飞机》、李若楠的《掌心里的未来》等，分别取材于平时的主题"植物""人物""玩具与游戏"等。尤为可喜的是，当年的高考作文命题是"这世界需要你"，高锦灿、张敏各自在自己写的《铁路也有花期》《你的未来依旧花开》基础上加工修改，联系自己生活学习的经历，都写出了声情并茂的好文章。

　　第三，学生喜欢动笔，喜欢观察生活，喜欢跟父母交流，体会到了感恩、关爱与责任。感恩、关爱与责任，这些词语，以前对他们而言，就是生硬的词，不是鲜活的生活。在持续的写作训练中，他们发现了父母渐生的皱纹，看到了凌晨清扫大街的环卫工，读到了天空的喜怒，触到了内心的柔软……写作对他们而言，由以前的应付、拼凑，渐渐转成主动交流，甚至是宣泄与享受。他们开始重新审视自己的老照片，整理自己的布娃娃，擦亮陪伴自己的自行车，最可贵的是，开始整理自己的内心，发现真爱，明辨是非，学会生活，热爱语文，从为了考试而硬着头皮学语文，渐变为乐在其中、沉浸其中，真爱语文。这一点，我想是最珍贵的。

在引导学生进行主题随笔写作的教学中，我感悟到：只有引导学生对国事家事天下事都事事关心的课堂，才是真正开放、活泼、高效的作文课堂；只有引导学生去发现爱、体会爱、付出爱，才是真正的教书育人。

读写巧契合　学生有话说
——新高考背景下的读写衔接策略

新高考背景下，高考命题越来越凸显对学生学科素养的考查。

在封闭式的学习背景下，学生节奏紧张，学习方式单调，学习视野狭窄。高三年级高强度的考试让学生缺少阅读和积累的时间。长期下去，学生的作文呈现出一种无话可说状态，或者是同样的论据反复使用，材料重复，千人一面的现象在考场作文中并非少见。

如何让学生有话可说，让学生的作文中有新鲜的论据，让语文学习有活水源头？答案就是多读。读多了，积累多了，才可能有话可说，才可能把话说得漂亮。但是很多教师和学生都有这样的感受：阅读课也上了，推荐的书也读了，但收效甚微。如何把所读转为所写，如何让读写有机契合，教师们一直在探讨，也一直在尝试。

在实际的课堂教学中，充分利用好阅读材料，让学生读有所知、读有所感，进而读有所写，从而建立起阅读和写作之间的有机联系，这是提高学生写作能力的不二法门。

笔者以一次阅读写作课为例，介绍在具体的教学中如何训练学生多角度挖掘素材、利用素材，进而做到读写巧妙结合。

一、教师提供阅读素材

1.新浪看点《华为201万年薪招毕业生！读书很苦，但读书才是最好走的路！》。

2.澎湃新闻报道《华为年薪两百万"天才少年"：希望所学所用助华为渡过难关》。

3.光明时评文章《"冷门专业"，钟芳蓉们为什么选?》。

4.《对话北大考古系新生钟芳蓉：选择专业只用了几分钟，但我会坚持很久》。

二、学生自我整理，经小组讨论后得出素材适合的话题

1.大胆启用"天才少年"。

2.追求理想，爱我所爱。

3.排除外界干扰，做出自己的选择。

4.选择的权利，靠的也是绝对的实力。

5.坚定理想，需要耐得住寂寞。

三、读写结合片段范例

学生阅读时，按照人物、事件等角度简要概括材料，并整理出这些素材可用的话题角度，以素材为论据，以话题为论点，完成300字左右的片段写作。经过阅读和可适用的话题整理，学生明显感觉有话可说。在10分钟内，大部分同学完成了片段写作。同学们体会到"有米下锅"的快乐。

追求所爱，将生命装点
范姝彤

人活一世，要勇于追求自己所爱之事。华为"天才少年"张霁在整个互联网行业处于低谷状态时，勇敢地选择了自己喜欢的计算机专业；2020年高考成绩揭晓，高分考生钟芳蓉面对各种质疑与不解，坚持报考几乎无人问津的考古专业，仅仅是因为自己热爱这个专业。马洛依山多尔有言："生命的内容不是别的，而是那股有一天打动了我们的内心和灵魂，之后永远燃烧到死的激情。"每个人都有自己所热爱的"小小宇宙"，那是人生激情的重要来源，将我们人生装点得意义非凡。世间千人千言，选择自己所爱且不畏人言，我们必将化作自己的灿烂星辰。追求所爱，方能将生命精心装点。

耐住寂寞，乘风破浪
李超凡

"心之所向，素履以往，生如逆旅，一苇以航。"坚定自己心中的那片净土，耐住寂寞，乘风破浪。报考北大考古专业的女生钟芳蓉，因其内心向往，喜欢考古，不为外界繁杂的声音所干扰，坚持自己的信念，追究自己的理想。入职华为"天才少年"的张霁，面对其他企业更高年薪的橄榄枝不为所动，坚定信念，选择了华为。他们都是追梦路上孤独的人，但他们为了自己的理想，甘于忍受寂寞。正如任正非所言："基础科学的发展，是要耐得住寂寞的。"其实，不仅是基础科学，任何一方面的突破都需要耐住寂寞。我们每个人都应坚守内心所向，乘风破浪。

科学进步需要战略耐性
郭亚琦

对于科学的探索，总是要经过漫长而曲折的过程。正如爱迪生实验一千次才最终发明出适用的电灯泡，居里夫人重复多次才提炼出镭元素。真理的发现、科技的进步总是来之不易，这个艰难的过程不仅是研究人员创新精神和创新能力的考察，更是对其耐性的考验。华为公司早在五年前就注重基础研究，逐步攻入"无人区"。没有大量的技术突破，没有大量的技术积累，哪会有如今的厚积薄发？华为公司的战略决策和其战略耐性使其成为5G技术的领头羊。在科研过程中，不惧困难，不论成败，从失败中吸取教训，坚持探索，定有所获。科技的进步是要耐住寂寞的，板凳不仅要坐十年冷，有些人甚至大半生寂寞。正所谓守得住寂寞，才能等得到繁华。

用实力换取选择的权利

刘可伊

我们都希望能按照自己的意愿活着，都希望自己所拥有的就是自己最喜欢的，殊不知，选择是自己的权力，也要靠自己的实力。"天才少年"张霁以201万年薪入职华为，成为人们热议的对象。从小喜欢计算机，最后能凭着计算机专业换来一份高薪的工作，张霁无疑是人生的大赢家。但是谁又知道，张霁读本科期间，通过国家计算机二级考试，获得全国ITAT职业技能大赛职业技能资格认证证书，博士毕业后又经过七轮严格的筛选，才最终脱颖而出。无独有偶，湖南考生钟芳蓉的选择也很任性：她以676的高分，选择了北京大学考古专业，"冷门"的选择成了这个夏天大家的"热门"话题。但是，如果没有湖南省文科第四名的好成绩，即便是冷门专业，也不是随便可以选到的。所以，在追求理想的道路上，想赢得选择的权力，还需要提高自己的实力，拥有绝对的实力，才能最终具备条件。与其羡慕他人的选择，不如埋头苦读，提高自己的成绩，锻炼自己的能力，有一天，在选择的十字路口，我们也可以任性地说：我喜欢，我选择。

　　胡适曾在《建设的文学革命论》中说：不作言之无物的文字。先"读"后"写"，"读"为"写"服务，如果这样的练习能够坚持，相信学生的写作会有源头之水，最终会"有话可说"。

文言文复习课也可以有声有色

按照一般的教学进度，高三就要进入复习阶段了。老师们往往直奔主题，把每一堂课都浓缩成精华，剔除掉自认为没必要的，保留自认为必须考的，在匆匆忙忙中，高三的复习课往往就上成了知识课、习题课，老师生拖硬拽，学生了无兴趣。

文言文的复习尤其如此。课堂上往往只剩下实词、虚词、句式等文言知识，语言的美感、作者的情怀、文章的意蕴，因为看起来似乎不在考试范围之内，就被简单粗暴地省略掉了。

但是，那些经典文本在漫长的岁月中能流传下来，在浩如烟海的文章中能被选编在语文课本中，不是因为我们不懂某个词的意思、不懂某个句子的特点，而是其具有优美的意境、深刻的思想情感、高超的艺术魅力。即便是高三的复习课，也不能功利到只剩"言"，忽略"文"，而这"文"不仅仅可以给学生思想的启迪、美感的教育、情感的教化，还可以启发思维，渗透素养，对于提高学生的应试能力也有很大的作用。

因此，在高三的复习中，我也努力把复习课上得有声有色，有趣味，有情怀。在知识点的复习中，加一点佐料，启发学生思考，引导学生写作，让读与写、机械记忆与体悟理解相结合，使语文课上得多一些语文味。

下面以《陈情表》《项脊轩志》《与妻书》的复习为例，简单谈一点我的教学设计和课堂生成。

在一轮复习中，我把以上三篇文章放在一起，并给这三篇文章定了一个统一的主题："至爱亲情"，这样，就找到了这三篇文章情感上的共同点、连接点，改变了过去零散复习的习惯。我设置了这样的课堂环节：让学生批文入情，通过品读文章中的句子，体会作者的情感。特意设置了微写作，在品读完三篇文章之后，根据要求，完成写作任务：

> 有一些文字，与岁月无关，与年龄无关，却与爱息息相关。
>
> 宋人曾言，读《出师表》不下泪者，其人必不忠；读《陈情表》不下泪者，其人必不孝；读《祭十二郎文》不下泪者，其人必不友。此言或许略显夸张，但是，当我们品读《陈情表》《项脊轩志》《与妻书》，总有一句话会直抵人心，让你忍不住泪流满面……
>
> 选取《陈情表》《项脊轩志》《与妻书》中的任意一句话，根据自己的理解进行扩写，与上文形成有效衔接。

学生在重新复习完三篇文章之后，不难感受到作者的"至爱亲情"，而且在品读了三篇的语言之后，能够感受到作者深沉的感情，而这深邃的情感，是渗透在语言之中的。通过设计这个写作，引导学生批文入情，不仅可以更好地完成本课的复习任务，还会让学生进一步感受到三篇文章的共同的情感之美，从而蕴德育于无形。

课堂上学生思绪纷涌，在5分钟之内就完成了写作任务，并且有不少优秀的片段。

示例一

"愿陛下矜悯愚诚，听臣微志，庶刘侥幸，保卒余年。"（《陈情表》）

李密卑微地乞求着，只想用自己的后半生求取奉养祖母几年的光阴。这份孝心他称其为"愚诚"，这份心愿他称其为"微志"。这份小心翼翼无关其他，只为疾病缠身、日薄西山的祖母，只因她在我年少时牵起我的手，抚慰了我的无助，只因我每次回头，她都在我身后。我便想用自己的余生换她晚年无忧，换她安心回眸。纵卑微乞求，也甘之如饴，纵危险重重，也甘愿俯身一求。

示例二

"庭有枇杷树，吾妻死之年所手植也，今已亭亭如盖矣。"（《项脊轩志》）

一棵枇杷树的"亭亭如盖"，是岁月流去，而我对你的爱意始终生长；是斯人不再，而我对你的思念地久天长。你走了，我愿守着一棵枯荣轮回的树来纪念你。树可百年，爱可长存，因为是你亲手所植，无论春夏，不管秋冬，哪怕芳菲尽去，爱意也得以长生。

示例三

"吾至爱汝，即此爱汝一念，使吾勇于就死也。"（《与妻书》）

"问世间情为何物？直教人生死相许。"敢于去死的爱是彻底的爱，为爱而死的死是一种坦然的死，但是林觉民的为爱赴死不仅仅是小爱，更是献身民族大义的英勇，不仅仅是对意映的柔肠百结，更是对中华民族的慷慨就义。他怕她不懂，他怕她心伤，他给这大爱加上了小爱的注解，他要让她懂得：家与国，爱与信仰，从来就是一体的。爱不一定是厮守终生，但却可以绵延永久。

刘勰《文心雕龙·知音》说："夫缀文者情动而辞发，观文者披文以入情，沿波讨源，虽幽必显。"引导学生从文章的语言入手，从细节处入手，去体悟作者深藏的情义，进而感受这种情义，让学生不仅领悟了语言的美，还感受了人性的美、人情的美。

带着他们去发现美，去学会爱，这是语文教师的情怀，也是语文教师的职责所在。

金风玉露一相逢　便胜却人间无数

——听孙伟娜老师讲《鹊桥仙·纤云弄巧》

一节好课是需要有气质的，尤其是语文课。

当教师的气质和文本的气质契合，这种刚刚好的相遇就会产生恰到好处的课堂气质，让人沉浸其中，如品一杯绿茶，素淡却又韵味十足。

孙伟娜老师的这节课，讲秦观的《鹊桥仙》，就是这样一杯绿茶，散发着清香与淡雅的气息。

鹊桥仙

秦　观

纤云弄巧，飞星传恨，银汉迢迢暗度。金风玉露一相逢，便胜却人间无数。

柔情似水，佳期如梦，忍顾鹊桥归路。两情若是久长时，又岂在朝朝暮暮。

《鹊桥仙·纤云弄巧》是宋代词人秦观的作品，是一曲纯情的爱情颂歌，上片写牛郎织女聚会，下片写他们的离别。全词哀乐交织，熔抒情与议论于一炉，融天上人间为一体，优美的形象与深沉的感情结合起来，起伏跌宕地讴歌了美好的爱情。此词通俗易懂，却又婉约蕴藉，余味无穷，尤其是末二句，可谓耳熟能详，妇孺皆知，堪称词中警句。

这样一首词，好讲又不好讲。好讲是因为句子好懂，学生没有阅读障碍，无须花费气力去解释字词句。不好讲是源于大家都懂，都有自己的解读，想要出新出彩就有些困难；再者，这是一首爱情赞歌，对高一的学生而言，如何引导，导到什么深度和高度又是一个难以拿捏的度。

可喜的是，孙老师做得很好。

一、课堂节奏舒缓有序，而又重点突出

没有读书声的语文课堂是缺少活力的，讲诗词的课堂需要反复吟诵。孙老师引导学生"花样诵读"，慢慢拉开了课堂的序幕。先是个别学生自告奋勇诵读展示，再是听众学生的点评，点评之后顺势来个点评者诵读展示，让学生体会不能只会"看花"，而是要会"绣花"。个别展示之后，集体诵读，男女分词句诵读，全员参与，既可以调动班级气氛，又可以让更多的学生有参与感、获得感。

第一轮读完，孙老师结合词曲配乐的传统，给学生播放音乐，带领学生感受乐曲和词句之间的配合度、和谐美，融传统教育、美学教育于语文课堂，真正体现了"大语文"观，这是视野和格局的体现。青年教师能有如此的高度，值得称赞。随后的范读，是教师综合素质的体现。很多时候我们的语文老师已经变成侃侃而谈的点评者，却怯于做大大方方的展示者。教师的范读，不仅仅是其素质和能力的展示，更是一种积极的态度和勇敢的精神，是自我的突破和课堂的突围。

二、课堂生成显著，从读词到品词到填词，环环相扣

课堂的重重诵读，营造了浓厚的课堂氛围，也引领学生进入词的

情境，这时候学生对词的理解和感悟就水到渠成了。给学生空间，让他们自主去感知句子的美，去体会作者的写作技巧及其情感，主动学习、合作学习都能很好地激发学生的学习兴趣，提升他们的获得感。难能可贵的是，孙老师不时以古人对这首词的点评为例，启发引导学生，在品鉴的路上走正途，而不是任由其蔓延，无边无际。

填词的环节是难点，也是高度。多年来，我们的高中语文诗词教学停留在"品"的层次，上升不到"填"的高度。究其原因，教师自身能力不够是其一，畏难情绪、保险不出丑的心理是其二。孙老师很勇敢，敢于自己写，敢于让学生写。这个"敢"，是能力，也是魄力。语文教师应该是勇者。

三、注重价值引领，直面爱情，又不止于小情小爱

对十几岁的孩子讲爱情，是有些"危险"的：避讳不谈，引起他们反感；侃侃而谈，怕带动他们狂欢。把握不好"度"，就会尴尬。

孙老师的这节课，处理得很巧妙，不避讳，不隐晦，直面青少年该有的悸动和懵懂，同时用钟南山、袁隆平、樊锦诗的事例引导学生什么是真正的爱情：

爱情不止于"小我"，更要有"家国"，家国之上的爱方为大爱、真爱。

当然，没有一节课是完美的，如果在范读时能再放开一些，如果在填词时同学们的参与度能再高一些，如果关于秦观的词句能再多引用一些……这节课就更好了。

"瑕不掩瑜"。这节课韵味十足，气质典雅，恰似秦观，又恰似秦观的"纤云弄巧"。因此我想说：当孙老师遇上《鹊桥仙》，便"金风玉露一相逢，便胜却人间无数"了。

提升思维品质　写好新高考作文

　　高考应考查的素质教育目标，分为"核心价值、学科素养、关键能力、必备知识"4层。其中，"学科素养"包括"学习掌握、实践探索、思维方法"3个一级指标和9个二级指标。"思维方法"是指学习者在面对生活实践或学习探索问题情境时，进行独立思考与探索创新的内在认知品质。随着高考改革的不断深入，高考对学生思维品质的要求大幅提升，于语文而言，在写作上体现尤为明显。

　　近期测试，试卷的写作部分大大出乎我的意料：学生大多数跑题偏题。跑题的原因看似很正常，无非是审题不仔细，只看开头不看结尾，只凭简单印象不仔细分析，还有学生觉得命题者挖的坑"太深了"……

　　静下心来分析其中缘由，发现了很多问题。值得深思的一点是：学生在写作时思维方法存在明显不足，语文学科素养中的思维品质亟待提高。

　　语文学科的核心素养主要包括4个方面：语言建构与运用，思维发展与提升，审美鉴赏与创造，文化传承与理解。就本次写作而言，思维发展与提升值得反思。思维发展与提升是指学生在语文学习过程中，通过语言运用，获得直觉思维、形象思维、逻辑思维、辩证思维和创造思维的发展，促进深刻性、敏捷性、灵活性、批判性和独创性等思维品质的提升。

语言是思维的工具，而思维会促进语言的发展，二者相辅相成。学生在作文中暴露的问题，就是思维品质的不足。具体来讲，思维品质包括6个方面，即深刻性、独创性、系统性、灵活性、批判性、敏捷性。有专家把思维品质称为智慧品质，丝毫不为过。思维品质的水平与逻辑思维能力密切相关。本次作文充分暴露出学生思维品质中灵活性、系统性、深刻性的不足。

一、原题呈现

阅读下面的材料，根据要求写作。（60分）

蔡元培是中国近代提出"美育"的第一人。他在《美育与人生》中指出：我们固不可不有一种普通职业，以满足运用知识服务大众的需要；而在工作的余暇，又不可不读文学，听音乐，参观美术馆，来谋求知识与感情的调和，从而有更伟大而高尚的行为。这样，才算是认识人生的价值了。

以上论述具有启示意义。请结合材料写一篇文章，体现你的感悟与思考。

要求：选准角度，确定立意，明确文体，自拟标题；不要套作，不得抄袭；不得泄露个人信息；不少于800字。

二、材料解读

材料选自蔡元培的《美育与人生》，谈论的中心话题是怎样认识人生价值：一方面，需要有一个安身立命的职业，通过职业服务大众，实现自己的人生价值；另一方面，要在工作之余寻求美的体验，接受美的熏陶，充盈自己的精神生活，从而具备更伟大而高尚的行为，人生价值会有更高的提升。

从材料来看，对人生价值的认识，以上两个方面缺一不可，但更强调的是后者，即审美体验对提升人生价值有重要的意义。写作时，前者可以点到为止，后者需要重点论述。

三、问题分析

1.学生思维缺乏灵活性

材料选自《美育与人生》，加之阅读课补充过大量有关"美育"的文章，大部分学生未加思索与辨别，直接写成"美育是一种刚需""美育与智育并举""在生活中进行美育"等，忽略了材料主要内容讲的是"审美体验"，是个人的内省，而非来自社会、学校、家庭的美的教育。

见到熟悉的字眼就激动，不假思索就动手，这种习惯不只在少数同学中存在。读题、审题、仔细辨别、灵活运用，是思维品质提升的途径，我们的教与学都存在欠缺。

2.学生思维缺乏系统性

材料所给的话题，涉及两个概念："职业"与"审美"。首先要求学生有提取核心概念的能力，在材料中能够提炼出核心概念，要有分析能力、概括能力，要有理清局部与整体关系的能力。这就是在考察学生思维品质中的系统性能力。

学生只提取出一个概念"职业"，或者只提取出一个概念"审美"，就此大谈特谈，这就是学生思维品质中系统性能力不足的表现。

3.学生思维缺乏深刻性

思维深刻性是指思维活动的深度、广度和难度以及思维活动的抽象程度和逻辑水平。它集中表现在善于透过现象和外部联系，揭示事物的本质和规律。涉及本次写作，就表现在要对"职业"与"审美"

抽象概念有自我的认知，对二者的逻辑关系有清晰的解读。

职业是物质之需，审美是精神之求，二者不是矛盾对立的，应在立身之基础上有审美需求，在物质之外有精神家园。但是很多同学不能正确理解二者的关系，对比、并列、承接等各种解读都有，且解读机械，用词不准确。

四、解决之道

1.反复修改

修改作文是痛苦的事，因为一旦第一印象生成，想改变很难，即便是教师再三讲解，学生领悟到的东西也没有第一印象深刻。但是，作文的推倒与重来，本身就是思维的打碎与重建，只有彻底理解了，才能真正"打碎"，只有重新组合提炼，才能做到"重建"。

以某学生在本次作文中的片段及修改为例。

考场作文片段：

> 人生在美育感性而浪漫的光辉中得以耀眼。时至今日，我们再品味一下浪漫主义大诗人李白的诗句"古来圣贤皆寂寞，惟有饮者留其名"。这是多么浪漫的人生价值观啊！圣贤一生博览经传，丰富学识，大济苍生，这是他们的人生价值观。而饮者呢？肆意享受美酒的醇香，展现着"斗酒十千恣欢谑"的豪放与洒脱。我们记得杜甫，铭记他忧国忧民，体恤苍生，我们称其为"诗圣"；我们同样记得李白，钦佩于他狂放不羁，挥洒浪漫，我们称其为"诗仙"，但是李白其诗，李白其人，便让我们看到美的力量，看到浪漫人生的光辉。

很明显，学生搞混了美育与审美的概念。另外，对于李白"古来圣贤皆寂寞，惟有饮者留其名"的理解是错误的。还有，拿李白与杜甫对比，认为李白是审美的人生，杜甫是现实的人生，这种理解也牵强。还有，材料讲的是在职业之外，也要有审美，是个人价值的两面，而非不同人的两面。

修改后的片段：

> 受权贵排挤而漂泊江湖的李白，一壶酒，一支笔，也能吐出半个盛唐，因为他懂得大好河山之美；一贬再贬的苏轼，一竹枝，一蓑衣，也能在风雨中载歌载行，因为他懂得欣赏"江上之清风与山间之明月"；外卖小哥雷海为，忙碌的工作之余，不忘捧一本诗集品读，在于他有一颗诗心；农民工吴桂春，在东莞的日子，除了建筑工地的辛辛苦苦，还有图书馆的温馨宁谧。

修改后，学生厘清了审美对于人生的价值和意义，思维清晰深刻；同时，选择的事例恰当，排列顺序由古到今，思维具有系统性。

修改是提升学生思维品质的最佳途径，发现问题、改正问题，毕竟只有亲自去做，才会真正明白。

2.适当补充

物质追求与精神追求，是人们价值观中最直接的话题，古已有之，现实中也会不断出现类似的讨论。当年"宁愿在宝马车上哭，也不在自行车上笑"的观点曾引起热议，而这种观点仍以各种方式不断出现在作文中，虽然所用的材料及其表达的词语随时代的发展而更换，但是其根本属性没有变。因此，教师帮助学生将这些材料及其表达的词语找出来，归类，汇总，点明其根本属性，从而帮助学生建造"一个观点，若干材料，不同表达"的"仓库"，精选更多的"观点"，建造更多的"仓库"，最后建立"话题作文库"。

3.思维提升

归根究底，语言的表达有赖于视野的扩大、经验的积淀，有赖于思维能力的提升。日常教学中，要善于引导学生透过现象看本质，抓主要矛盾，提升逻辑分析能力，提高思辨能力。因此，教师要引导学生读读哲学和美学方面的优秀著作，提高辩证分析问题的能力。

第 二 编

教学随想

教学工作是琐碎而重复的，在周而复始中我们很多人不可避免地成了一个教书匠，写一辈子教案，做一辈子试卷。

　　在习以为常中，如何丰富自己的教学思想，提升自己的理论水平呢？

　　我的答案是：坚持思考，坚持记录。

　　课堂上的灵光一现，交流中的思维碰撞，读书时的些许感受，研究中的一点困惑，或者对教育教学现状的一些感慨，都要养成且看且思、且思且写的习惯。

　　我们不是思想家，但是可以努力成为一位有思想的教师。

"刷题"之我见

晚自习，在教室值班，不时走走转转，看看学生的学习情况，不经意间发现，最后一排一个男生椅子上挂着个书包，鼓鼓囊囊的，拉链半开着，一摞厚厚的材料露出了封面，是6本崭新的"必刷题"。男生冲着我笑了，说："语文我也刷了，没有厚此薄彼。"我也笑了，不是因为他不忘刷语文试题，而是因为我对"刷题"感了兴趣。

回到座位，打开手机搜索"刷题"二字，想查找这个词的源起和具体含义，谁知在搜索页排在最前面的两位是"刷题酱"和"刷刷题"两个小程序，再往下划，则是"刷题神器""刷题网""国考刷题""会计刷题"等名目繁多的网站，说真的，有点超乎我的想象。

继续搜索，终于找到对"刷题"的解读：刷题，即大量做题，不停做题，以题量的形式进行学习。刷题是一种在短时间内快速接触大量题目的学习行为，它侧重于题目的数量而不是完成的质量。

还有一种说法更简洁：刷题，即题海战术。

对于"刷题"，见仁见智，赞同者有之，反对者亦有之。赞同者说，刷题可以快速熟悉套路，掌握各种题型，可以总结题目类型，巩固做题经验。反对者说，刷题不能深入思考，只能流于表面，不能培养思维，只是徒增浮躁……

事物都有两面，一种方式的流行不是出于偶然的。对于"刷题"，我有一些经历，也有一些感受。

有些题是可以刷的。比如偏重记忆的知识，以练代背，多刷题，重复做题，可以发现知识漏洞和薄弱环节，提高做题速度。像考驾照，题型是固定的，内容是有范围的，见过的题多了，剩下的自然就少了。参加过驾照考试的人可能都有这样的体会，在一遍遍重复做题中，巩固了记忆，刷着刷着做题都成了一种机械记忆。某日买早餐时，街边卖煎饼的大姐不忙的时候不停刷手机，见到顾客马上解释："刷刷题，过几天考驾照呢。"

有些人适合刷题。基础知识比较扎实，有自主学习的积极性，可以通过刷题来归纳知识点，总结套路，提高做题速度；或者对有些薄弱点可以通过重复做题，提高正确率。尤其理科的知识，通过刷题，可以提升公式、定理运用的熟练度，提高计算的准确率和速度，对于基础性比较强、难度较低的题目，多做一些，"手感"就有了。

不过"刷题"不能只求量而不求质，不能刷过就忘，要总结提升。如果基本知识没掌握准确，科学原理没弄明白，刷题就像是在原地跑步，只是徒增疲惫，行之不远。2017年，班里有个很聪明的男孩子，在高考一百天前写下的誓言是："要成功，先发疯，撸起袖子刷理综！"300分的理综试卷，他一天做一套，做完一本，再买一本，后来甚至发展到请假在家，就是为了有时间刷题。当时老师们找他谈话，控制他刷题，但是收效甚微，他已经沉不下心来钻研教材，记忆公式和定理，难以安心去总结与梳理，整个节奏就是刷完了再刷，但是高考碰到原题的可能性几乎为零，而原理和素养是恒定的，基本功不好，方向不对，只会越刷越乱。就像是打井，深入不进去，只是不停地换地方钻孔，就永远找不到水源。后来这名同学发挥一般，理综非但没帮他提分，反而是相对较低的得分。

"刷题"既要求量，更要求质，要在重复中总结规律，要基于基本原理、基础知识，还要学会从"是什么"中推敲出为什么。

2016年，我参加了一次心理学考试，在通读了一遍材料之后，下载了某软件，天天刷题，成套刷，分专题刷，在网上刷，也刷纸质的。后来发现分数陷入瓶颈，难以突破，于是回头研读教材，勾画细节，分析题干，找题目分布的规律，揣摩出题者的意图，慢慢地自己看到某一段落都能找到考点了。在参加考试时，看到一些题目，我能还原到知识点本身，最后取得了优异的成绩，超出了自己的预期。现在还时常回忆起那次考试经历，记忆深刻的不是刷的题，而是一遍遍翻阅教材，研读题目后的顿悟。

　　刷题也好，日常学习也罢，要有自己的节奏，不能"人刷我亦刷"。今年我任教的班级，40名学生中，有11名女生，纯理组合的班里，男生的理科思维活跃，理科素养高，做题速度快，常常是作业完成了，还有空闲的时间，他们喜欢刷刷题，这无可厚非。但是有几个女孩子，本身基础较差，中低档的题目都做不利索，看到身边的同学刷题，她跟着刷，结果是自己的优势学科语文和英语没有保持住，弱势学科越刷越糊涂。在一次次考试过后，女孩的自信心被打击，在班里找不到存在感。我反复告诉她们，要树立自己的学科自信，要有自己的节奏，要学会走，而不是跟着别人跑。他人的成功经验或许适合你，或许不适合你，不要相信"传说"。2012年我们班出了一名省高考状元，多年以后"江湖"还有他的"传说"，甚至某些公众号上说他把市面上能见到的题目都做完了。作为见证者，我了解真实情况：他非但不刷题，而且很"听话"，老师布置的题目，哪怕再简单，他也会很规范地完成，不会眼高手低，很少有低级失误。而有些同学是难题大多不会，简单题目不对。

　　身处高三，有做不完的题，的确是如在题海中泛舟。要做好舵手，把控好前进的方向，很多时候可以"临渊羡鱼"，最好是"临渊不羡"。

　　下课后，那个满书包是刷题卷的男生来找我，说：老师，其实我没怎么刷题，我就是想买，其他同学都买了，我不买心里不踏实……

　　我一时语塞。

从读什么书有用谈起

一、读什么书有用

作为一名语文教师，我经常被问到的一个问题就是："孩子语文不好，怎么办？"我常常不假思索地回答："多读书。"

第二个问题随即而来："读什么书有用啊？"

"读什么书有用啊？"这个问题我无法立刻给出答案，即便迫不得已给了，也有些心虚，因为不久以后就会有第三个问题追来："我把你推荐的书都给孩子看了，是不是不管用啊？"

读什么书有用呢？提问题的人目标明确：要提高成绩，而且快速见效。如果我说，读什么书都有用，或者说读什么书都没用，都是真话，但这两种回答都显得我不专业，或者是有些敷衍，对满怀期待来请教的人来说，得到的都是失望。

但是，读了就有用，这样的书，有吗？如果"有用"只指向提高分数，那最有效的应该是教辅材料，但那不一定都是书，而且也未必都有用。

你是老师，肯定知道读什么书有用，这是普遍的心理；你教书多年，手里一定有秘方，这种想法也无可厚非。就像生病了，大夫就该能开出药方，吃了药就要立刻见效，这种要求看似名正言顺，实际是急功近利，未必合理。

时代飞速发展，经济要快速提高，地位要快速提升，实力要快速增强，读书也要立竿见影。但是面对这种要求，我真的无能为力，因为读书是一种慢功夫，就像一口吃不成胖子，读书的影响是缓慢而细微的。鲁迅先生说，人类血战前行的历史，正如煤的形成，当时用大量的木材，结果却只是一小块。这话用来说读书之用，非常恰当。

读书是获取、分析、整理、消化信息的过程，既然是过程，就需要时间。信息没有经过分析与整理，不能形成知识；知识没有加以主观地批判，不能形成思想。而缺少了艰苦的大量的阅读和沉淀，知识和思想是不成体系的。"读什么书有用"，问题看似简单而明确，但是我开不出药方。

二、读书有什么用

如果问题换成"读书有什么用"，我倒有话想说。

有人统计，中国人平均每年读书0.7本，与某些国家相比，阅读量少得可怜。再看一下是什么人在读书：是从幼儿园起就被各种作业压得喘不过气来的孩子，是为了国考、省考一年年挤独木桥的青年。读书，为了杀出重围获取高等学府的"入场券"，为了养家糊口拼命争取证书职称；书店里卖的最火的"书"，是有关考大学的教辅材料，是各种公务员、事业编考试的辅导书，是类似某些养生速成的书。的确，现代人背负着生活巨大的压力，忙于考试，忙于工作，忙于挣钱……难得有闲心静心去读书。我们为不读书找如此多借口，但是，为何不找一个借口而读一读书呢？

关于读书，古人说"开卷有益"，究竟有哪些益处，向来也是见仁见智。我个人有以下几点体会：

1.读书，可以增长知识，开阔视野

读书最大的好处在于它让求知的人从中获知，让无知的人变得有知。百度对"读书"一词的解释是：获取他人已预备好的符号并加以辨认、理解、分析，有时还伴随着朗读、鉴赏、记忆等行为。"获取他人已预备好的"，就是说读书其实是前人栽树后人乘凉的事情。一个人生活范围有限，生活经验也有限，想获取更多的知识，读书无疑是最佳途径。有个成语叫"少见多怪"，为什么对很多事情觉得奇怪呢？是因为见得少。还有个成语叫"见多识广"，见得多了，自己知识面就广了。

"把书念下去，然后走出去"，近期一位博士的论文的《致谢》触动到许多人，他靠读书走出小山坳，冲出命运的漩涡；外卖小哥雷海为，在送餐或闲暇时读书不辍，战胜名校学生获得《中国诗词大会》比赛冠军；北大保安张俊成，仅仅初中毕业，自学考上北京大学法律系（专科），靠读书逆袭为"北大保安第一人"，后成为一所中职学校的校长；31岁的农民工陈直痴迷哲学，坚持用英语译完《海德格尔导论》……或许我们都会深陷琐碎的生活中，但是，书就好比是想象力的翅膀，让你我得以去俯瞰山川大地，去对视日月星辰。

2.读书，可以涵养气质，培养谈吐

读书人跟不读书的人气质是不一样的。宋人黄庭坚曾说：一日不读书，便面目可憎，语言无味。还有一句时下很流行的话：你的气质里藏着你走过的路、你读过的书。我们看《朗读者》节目主持人，赞叹她出口成章的谈吐，欣赏她优雅得体的气质，"腹有诗书气自华"，在她身上得到了很好的体现。叶嘉莹先生，近百岁高龄，言谈举止中散发着一种书卷之气，气质里有清风朗月，也有星辰大海，这种美淡雅如菊，持久芬芳。

高三的教学和考试任务很重，学生的时间宝贵，但是我依然坚持带着学生阅读，读一些需要静下心来仔细品的经典，如《美的历程》《万历十五年》《哲学简史》，这对于培养学生的审美能力、逻辑思维能

力、多角度看问题的能力有益。一些学生到了大学后，参加社团活动、班级竞选演讲、学校公众号投稿等，都有不错的表现，这与他们大量的阅读是分不开的。

3.读书让人心胸开阔，豁达明理

我们都不可避免地生活在现实中，不可能事事如意，总会有这种或那种挫折，也会有疲惫不堪、情绪低落的时候。这个时候，不妨打开一本书，静静地读一读，让绷紧的神经放松一下，让浮躁的心静下来，或许会发现有很多东西本不该在乎，有很多东西最不该丢掉。

高尔基说，读一本好书，就是和一个伟人交谈。的确，一本好书，能教很多的道理。我现在还保留着一段录音，是大学期间看完《平凡的世界》后，几个舍友关于"哪一种人生更值得去过"的辩论。辩论的结局已经模糊，但是读书的影响历久弥深。

4.读书能让人思维灵活，下笔如有神

杜甫说："读书破万卷，下笔如有神。"清代孙洙说："熟读唐诗三百首，不会作诗也会吟。"我们如果平时不看点书，动笔的时候真有"巧妇难为无米之炊"的痛苦。我们读过唐诗，看到校园中的落叶，可能会吟出"秋风吹渭水，落叶满长安"，而很多人可能只会说："哇，树叶落了一地。"

就我自己而言，读书还能让心灵平静，少一些焦虑和患得患失，多一些安静和自得其乐。我喜欢归有光在《项脊轩志》中的描述："借书满架，偃仰啸歌，冥然兀坐，万籁有声……"在书中，我看到了外面的世界，也建造着自己的天地。

"读书不是向外的利器，而是回家的路。一个人对文字有了亲近感，心灵就踏上了返乡之途。"麦家所言，确实有道理。

跟洪七公学一点教学艺术

——谈因材施教

"某某学生很勤奋，就是太笨了，某某学生很聪明，就是太浮了，要是两个人掺和一下就好了……"这是教师之间经常会有的吐槽。

学生很多，各有不同，这本就是常态。勤奋的学生不太灵活，灵活的学生不太勤奋，也很常见。但是单纯地把成绩难以提升归结于学生的"笨"或是"浮"，就有点把教学问题简单化了。

教学是一门艺术，而且是一门综合的艺术。教师要想成为优秀的"艺术家"，要向古人学习，向名师学习，向身边的榜样学习，甚至还可以向武侠小说中的大师学习，比如洪七公。

看过《射雕英雄传》的人都应该了解，郭靖在求学路上，有很多师傅：哲别教他射箭；江南七怪正式收他为徒，分别把自身的独门秘籍传授给他；马钰道长教他吐纳之术；洪七公教他"降龙十八掌"；周伯通教他"一心二用"。可以说，郭靖是幸运的，师傅都毫不保留地传授他武功；但是他又是让人恼火的，因为多年来，他勤于练习，进步很有限。

江南七怪整整教了郭靖8年，可是郭靖的武功没有太大的进展。8年之后，郭靖连尹志平都打不过，而尹志平的武功在《神雕侠侣》里仅处于中下流水平。

在师傅们眼里，郭靖是个"笨"徒弟，头脑简单，性情木讷，虽然很勤奋，但是学东西太慢了。

事实真的如此吗?

推敲江南七怪授徒失败的原因，有以下几点:

江南七怪的教学缺少系统性。今天你教，明天我教，七家都是独门秘籍，但是糅合在一起就杂乱无章。

试想，我们的学生如果半年一换老师，三年换七名老师，知识的连贯性和系统性肯定也达不到，成绩能好得了吗?!

江南七怪忽略了对郭靖基本功的训练。七个人都自诩武功超群，教学都从绝招开始，没考虑郭靖底子弱、悟性差的特点。后来马钰道长传给郭靖"吐纳之术"，之后郭靖的内功才有了提升，为日后的学习打好了底子。

试想，如果我们的教学忽略了基础知识的学习和基本能力的提升，一上来就是拔高和攻坚，学生就像缺少了基本功的郭靖一样，难以有很大进步。

江南七怪的教学内容缺少针对性。郭靖本身有些愚钝，接受起来比较慢，江南七怪所传招数，看起来眼花缭乱，学起来头晕眼眩，授课内容与学生特点不吻合，吸收起来自然就困难。

试想，我们在教学时如果不针对不同班型、不同程度的学生选择不同难度的内容，效果自然会大打折扣。

在遇到洪七公之后，郭靖发生了翻天覆地的转变，这源于洪七公的教学艺术。洪七公貌似因贪图美食而教郭靖武功，教授起来随随便便，但洪七公是在完美地施行孔子的"因材施教"。

一、看洪七公的教学内容

他看出郭靖有些愚钝，但内功深厚，勤奋扎实，于是传授给他"降龙十八掌"。这套功夫是硬功夫，招数简单，但需运功有力，每一招都需要凝神出掌。郭靖之前经马钰道长调教，有很好的内功，练习降龙十八掌具备基础。

与此同时，洪七公教了黄蓉一套"逍遥游"。黄蓉聪明绝顶，"一言方毕，人已跃起，大袖飞舞，东纵西跃，身法轻灵之极"，学东西很快，但是玩心很重，玩性很盛，所以并不适合学习要下苦功夫的"降龙十八掌"。

二、看洪七公的教学方法

他教郭靖总显得有些不耐烦，说两遍，就让郭靖自己去悟。郭靖学武功心急，又有黄蓉比着、杨康等着，自然会有些急躁。这时候冷淡一些，让他沉住气，自己反复练习，反而能促使其好好理解，慢慢积淀。

欲速则不达。徒弟郭靖急，师父洪七公若急，结果就会跟江南七怪教的没有什么区别了。

三、看洪七公的教学技巧

起初，他只教了郭靖一招"亢龙有悔"，用来换"叫花鸡"吃——美食只是借口。一来吊足学生胃口，让他们觉得功夫不是随便来的，师傅也不是随便来的，而且师傅还可能随时就反悔，徒弟就会格外珍惜学习机会。"书非借不能读也"，这个道理洪七公拿捏得很到位。二来通过这一招考察郭靖的内功底子和心性，后来在长期的相处中，发现郭靖真的是忠厚老实，并且懂事勤奋，对他非常满意，才正式收徒。

反思我们的教学，在实际教学中都把备课看做是备教材、备教案，很少去备学生。不了解学生的个性差别，千篇一律、"一视同仁"地灌输知识，至于哪些学生能接受，哪些学生不能接受，学生能接受多少，不去考虑，却把责任推给学生，觉得这个虽然勤奋却很笨，那个虽然聪明却很浮躁，好像这么一说，我们就"无责一身轻"了。

事实上，每个班级内都会有郭靖，也会有黄蓉，关键看老师是江南七怪还是洪七公。

愿每位老师都学一点教学的艺术，这样学生也会成为大侠。

▼
▼
▽

当语文遇上考试

各地的期中考试落下帷幕，成绩揭晓，评价出炉。每个地方的评价方式或许不同，但是语文老师的遭遇大体相同。按照"有效"来算（即该生总名次为1，语文名次也相应为1），语文老师的贡献率是相对较差的。不得不说，学语文或许是学了个热闹，考语文则考了个寂寞。

个中原因复杂，颇有点"秀才遇到兵，有理说不清"的感觉，若是一定要说，倒也可以"强词夺理"一番。

一、从语文本身找原因

高考改革，由知识立意到能力立意再到素养立意，这是专家追求的语文；文章越来越长，题目越来越读不懂，这是学生眼中的语文；变化越来越多，约束越来越紧，这是老师眼中的语文；语文嘛，我还能听得懂，这是领导眼中的语文；我的孩子在初中时语文能考130分，上了高中语文一直110分，这是家长眼中的语文……

语文很喧嚣，在每年的高考过后，各大媒体、各位专家、各种身份的人都会围观高考作文，点评一二，吐槽一二，甚至我家楼下卖馒头的大姐，每年的6月7日中午，都要笑着问我："今年考的什么作文啊？"在众人都懂的前提下，语文试题本身就只能越来越让大家不懂，以实现其反套路的追求。想起一句话："语文何苦为难语文？"

二、从学习的大环境说起

一天晚自习，我值班，在教室里转了一圈。班里40名学生，凝神聚力学数学的占了大半，兴致勃勃攻理化的不在少数，偶然看见一两个看生物和英语的，语文则无人问津。我有些讪讪。

这应该不是个别现象，而是一种共性——语文很寂寞。

很多时候我会想：如果没有考试，语文会是什么样子？或许我会深情地说：语文是炫目的先秦繁星，是皎洁的汉宫秋月；是珠落玉盘的琵琶，是高山流水的琴瑟；是"推""敲"不定的月下门，是但求一字的数茎须；是庄子的逍遥云游，是孔子的颠沛流离；语文是看春花盛开，看秋叶飘落，看冬雪漫天；语文是一场动情的电影，是一首陶醉的歌曲；语文甚至是"世界那么大，我想去看看"的一次说走就走……

然而……

当语文遇上考试，语文就成了150分的试卷。那一字一句的人生哲理，一行一行的诗词歌赋，突然就不香了。学生的吐槽则是：语文是我想的永远都和答案不一样。既然不懂，干脆不去懂；既然无效，何必去付出；不是我狠心把你抛弃，是你拒我于千里之外。

呵呵……

但是语文是好的啊——语文是工具，语文是基础，语文是人文，语文是情怀，语文是教化，语文是根本……

如何让语文有趣又有效？如何让教学和考试关系更紧密？如何让语文不再寂寞？

我们一直在路上！

热爱可抵岁月漫长

——由北京冬奥会谈内驱力

很难得能在假期轻松愉快地观看比赛。说实话，在北京冬奥会之前，我对冬奥会知之甚少，甚至连滑雪、滑冰都分不清，更别说那么多小项了。观看了几天比赛后，感觉颇多，收获甚丰。

冬季奥运会的很多项目危险性、挑战性大，比赛过程惊险而刺激，不确定性、观赏性强。随着比赛的推进，我的情绪随之起起伏伏，有几次还流下了激动的泪水。出于职业的习惯，看比赛的同时，运动员的种种表现总让我不由自主地联想起高三的学生，我发现奥运比赛和高考之间有很多相似之处。

奥运比赛是竞技体育，追求好的成绩是运动员的出发点；高考是选拔性考试，考一个好分数，进入一所好学校是每一位考生的追求。运动员和考生面临的竞争、承受的压力是相似的。奥运会四年一届，对所有运动员来讲，机会难得，意义重大，要取得好成绩，需要运动员日复一日的训练，需要坚毅、果敢、勇气、努力，需要各种赛事经验的积累等；高考是对学生十几年求学结果的检验，同样需要学生付出艰辛的劳动，平时各种小考、大考、模拟考必不可少。

在近年的教学中，有一种感受越来越明显，那就是学生不够专注和努力，即便是身在高三的优秀学生，身上的那股拼劲儿也少了。看到试题就兴奋、想到考试就激动的学生少了，相反，学习任务不能高质量完成，面对考试打不起精神，提到放假就精神十足的学生多了。老师们经常感慨："已经高三了，还不知道学！""这群孩子心理年龄太小了，非得逼，才会学！"我们经常拿"九斤老太"的话来自我安慰，真的是"一代不如一代"了。

成绩的取得有多种原因，但必不可少的一个原因就是对学习的热爱。学习的内驱力不够，对学习缺少敬畏和热爱，就容易陷入瓶颈，成绩难以提高。

观看奥运会，我们经常会被运动员感动，被他们积极进取、努力拼搏、不达目的誓不罢休的精神感染。在高手齐聚的奥运会，想要取得好的成绩绝非易事，其中一个主要原因，就是热爱。

以我国选手为例，不同类型的运动员具备同一种品质，那就是对自己选择的运动充满热爱。

一种是传统型运动员，以徐梦桃和齐广璞为代表。他们参加过4届奥运会，经历了多年的历练，背负着巨大的压力。对他们而言，体育有多重意义，要改变命运，要报答父母，要报效祖国……重压之下，他们顽强拼搏，努力进取，玩命地训练，他们的付出让人心疼。当然，他们的动力不仅仅是外力，更重要的是内因：对滑雪的热爱，这是他们成功的关键。如果没有热爱，就不会有数年如一日的坚持；如果没有热爱，就不会有多次伤病之后依然不放弃、不抛弃。

一种是新生代运动员，以谷爱凌和苏翊鸣为代表。他们最初从事滑雪运动的原因是"好玩"。谷爱凌从小跟着妈妈去雪场，把滑雪当成游戏，妈妈说如果不洗碗就不能去滑雪，她就会乖乖洗碗；苏翊鸣4岁开始滑雪，跟小朋友聊起滑雪眼睛就会放光，热爱之情溢于言表，在取得金牌后接受记者采访时也表示，自己是把喜欢的事做到了极致。

不管是出于职业的需要还是感到运动好玩，这两种运动员都具备了"热爱"这个大前提，都有足够的内驱力。内驱力是在需要的基础上产生的一种内部唤醒状态或紧张状态，表现为推动有机体活动以达到满足需要的内部动力。换句话说，"需要"是产生"驱力"的基础，而"驱力"是"需要"寻求满足的条件。

　　徐梦桃和齐广璞出于自身对冰雪运动的热爱，又背负着家庭、团队和国家的希望，这种状况之下，在夺冠需要的基础上就产生了一种内部唤醒状态或紧张状态，进取的内驱力是充足的。内驱力充足，面对训练和比赛就具备了足够的进取心和承受力，能够越挫越勇，知难而进。满怀"任何时候都不放弃努力"的热情，徐梦桃历经4届奥运会，终于如愿登顶；下定"全力以赴、放手一搏"的决心，齐广璞技压群雄，夺得金牌。

　　谷爱凌和苏翊鸣则因对滑雪的热爱而产生需要，他们没有传统型运动员背负的多重压力，从事这项极具挑战甚至充满危险的运动主要是因为热爱。新闻采访中，这两名小将说得最多的就是"享受比赛，好好玩"。这种为满足热爱的"需要"而产生的内驱力，使得他们能够自觉训练，积极进取，在竞赛之路上一往无前，毫不畏惧。目标是"要做最好的自己"，谷爱凌在一次次凌空飞跃中创造佳绩；追求"把热爱的事做到更好"，苏翊鸣能在一周之内跳坏四块板。

　　还有一点，就是谷爱凌和苏翊鸣对待比赛很理性，对待胜负很包容。他们没有背负传统的精神压力，在新时代背景下视野广阔，有条件广泛接受各种文化——语言方面的、艺术方面的、体育竞技方面的，包括思想观念方面的，两名小将更有"国际范"。苏翊鸣在坡面障碍技巧比赛时获得银牌，大家都觉得分数打低了，甚至裁判本人也出来说打分出现了失误，而苏翊鸣非常大度，还劝网友不要指责裁判；谷爱凌在大跳台逆转夺冠后第一时间去拥抱对手，在坡面障碍技巧第二跳失误摔倒之后及时调整状态，获得一枚银牌。这种大度、自信与包容，体现出新生代运动员的综合素养。

　　反观我们的学生，不管是传统型运动员那种执着的热爱还是新生代运动员那种纯粹的热爱，在他们身上都有所欠缺。时下生活条件提高了，学生求学不再背负着改变命运的巨大压力，"不上大学誓不休"可以转变为"条条大路通罗马"。与此同时，有些学生缺少对学习纯粹的热爱，缺少专注和投入，没有韧性和坚持，吃不了苦，经受不住失败，以为差不多就行，有个大学上就可以。这种状态之下，想要出好成绩就有些困难。

症结找到了，如何破解是个难题。作为教师，如何激发学生的内驱力？如何调动学生学习的积极性和主动性呢？我想以下几点应该尝试。

一、积极引导，提升学生的求知欲望

学生的求知欲望，来自他们对知识的饥渴感。饥者甘食，渴者甘饮，就是说，饭是饿了好吃，茶是渴了好饮。因此，要唤起学生的求知欲望，关键是尽力强化他们对知识的饥渴感。

高三阶段，主要的任务是复习。复习课不能仅是对旧知识的机械重复。在重复中，学生会更加熟练，但也会在重复中失去对学习的兴趣。因此，教师要采用多种方式，让学生用"旧知"去发现"新知"，在寻求知识中体验进步的喜悦，在讨论理解知识时体味学习的乐趣，还要在已有知识的基础上获取新的解答方式，寻求新的达标路径，得到新鲜感和获得感。

二、精心备课，提高学生的学习兴趣

高三备考本身就压力重重，复习课训练强度大，机械化、标准化、规范化强，这种操作虽然有利于学生提高成绩，但是，时间久了，学生容易滋生厌倦情绪。教师要努力探索改变教学模式，训练讲评交叉进行，注意节奏，同时学生自评互评、学生代表讲解、优秀案例与问题案例对照等要穿插进行，在变化中吸引学生的注意力，提高学生的参与度，提升各个层次学生的获得感，让学生在得到教师的肯定时获得成功的快乐，产生愉快的心情。

三、适度鼓励，激发学生的竞争意识

竞争是学生学习内驱力的重要因素。运动员要定期参加各种比赛，因为实地比赛有对手、有观众，能激发更大的潜能。学习也一样，课堂上适当组织各种比赛，定期组织各种考试，配套实施各种奖惩措施，能有效调动学生参与的积极性。竞争意识是一种主动进取的意识，是内驱力充足的情况下一种内部觉醒的意识，一旦内驱力被有效调动起来，就容易变被动学习为主动进攻。

四、情怀引领，培养学生的责任担当

为国家贡献自己的力量，为社会做出应有的贡献，是学习深层的动力，运动员如此，学生也如此。世界上最快乐的事，莫过于为理想而奋斗。有了远大的理想，行动就有了不竭的动力。责任和担当是一种长久的持续动力，只有把小我融入大我，把个人融入家国，奋斗才有伟大的意义。

北京冬奥会已经落下帷幕，努力和奋斗却永远在路上。希望教师和学生开足马力，一起向未来。

考场作文之反思

期中考试刚刚结束，照例是要讲评的。语文讲评最敏感的是作文：一则分值很大；二则经过一段时间的训练，学生对作文的期望值有所提升。如何使教师的评分得到学生认同，引导学生继续"信其道"，是每次考试过后亟待解决的问题。

经常有学生说，作文总是得46分，没有起伏；也有学生说，写作文的时候自我感觉良好，可是老师判我跑题，有时候自己感觉很糟，老师却给不错的分数；还有学生会说，尽力了，分数随缘吧……

学生的反馈直击语文考试的痛处，也在挑战评卷老师的权威。老师也有苦衷，写作本该是各抒己见的事，但考试的存在，必然会有标准的存在，考试把本该是主观的、个性鲜明的写作，变成了标准化操作，个中滋味，五味杂陈。

新高考背景下的作文命题，倾向于价值引领与宏大主题，旨在引导学生关注时代，关切人生，培养家国情怀，承担时代使命。命题的立意紧密吻合立德树人的核心。按道理讲，学生应该有话可说，但是在应试制度的长期训练之下，学生对很多命题产生了条件反射，拿到一个作文题目，侃侃而谈，但是仔细辨别，他的每一篇作文都是大同小异，并且大多数同学写的考场作文是雷同的。虽然随之而来的命题通过任务驱动、角色限定、变化情景阻止考生宿构，但"道高一尺，魔高一丈"，新的套路又会渐渐生成。

以本次德州市高三期中考试的命题为例：

阅读下面的材料，根据要求写作。（60分）

愿中国青年都摆脱冷气，只是向上走，不必听自暴自弃者流的话。能做事的做事，能发声的发声，有一分热，发一分光，就令萤火虫一般，也可以在黑暗里发一点光，不必等候炬火。此后如竟没有炬火，我便是唯一的光。倘若有了炬火，出了太阳，我们自然心悦诚服地消失，不但毫无不平，而且还要随喜赞美这炬火或太阳，因为他照亮了人类，连我都在内。

——鲁迅

读了以上材料，你有怎样的启示？请结合材料写一篇文章，体现你的感悟与思考。

要求：选准角度，确定立意，明确文体，自拟标题；不要套作，不得抄袭；不得泄露个人信息；不少于800字。

材料所给的那段话，是有层次、有指向、有核心的，但是学生没有进行细致的阅读，想当然地把之前各种考试的信息糅合在一起，快速拼凑出新的文章，有"可为与有为"的影子，有"青春的样子"的印记，唯独没有"发热""发光""萤火"与"炬火"。整篇文章里全是口号与誓言，"奋斗""奉献""默默无闻""我将无我"俯拾皆是，不需仔细比对就会发现他今天的这一篇就是他昨天的那一篇，是在重复写作。

因此，要引导学生在写作时有"现场意识""角色意识"；要切实去解读材料，捕捉信息；要懂得每一次写作都是独特的"这一篇"，而不是放之四海而皆准的同一篇；要文中有我，提笔有情。

任重道远。

以材料中的话自勉：

能做事的做事，能发声的发声，有一分热，发一分光，就像萤火虫一般，也可以在黑暗里发一点光，不必等候炬火。此后如竟没有炬火，我便是唯一的光。

▼
▼
▽

考场作文之反思

凝心聚力　突出重围
——创新班工作建言

高三创新班的教学与管理是高三年级工作的重点。经过前两年的努力，我们已经积累了一定的经验，取得了一定的进步。如何促进目标生进一步提高成绩，保障目标生的稳定及集团优势，仍是创新班工作的重中之重。

一、年级层面，要全方位提供服务，为师生备考创设优良有序的环境

创新班师生备考压力大。在能力范围内，年级组为全体师生提供人性化服务，既要提供动力支持，又要减轻压力焦虑。

探索引进先进教育理念，尝试聘请教育先进地区的名师定期授课，在一些重要知识点上对学生进行针对性指导，以期寻求知识和能力的突破。

加强与优质教育联盟的合作，高质量地组织联考，在与省级、市级的名校联考中发现不足，促进各个环节的落实。

二、教师层面，加强学习与交流，拓宽视野，打破思维定式

教师要不断加强自我学习。新高考、新题型、新学情、新考情，都向老师提出了新的要求，要适应不断变化的高考形式，教师的自我学习是寻求突破的直接路径。

加强交流沟通，在合作中资源共享，优势互补，共同进步。新老校区的创新班应该达成共识，团结出效率，团结出成果。因此，新老校区要互相听课、集体备课、周测联考，应该成为常态。

教师要有目标意识和理想情怀，才能引领学生在追梦之路不停奔跑。激情教育不是仅仅要求学生有激情，有激情的老师才能给学生输入激情，教师本身先要有高昂的精神状态，才能带领学生信心百倍地冲击高峰。

三、学生层面，树立远大目标，坚定理想信念，洋溢青春激情

新时代的学生思维活跃，眼界宽广，但受大环境的影响，吃苦意识、坚韧精神略显不足，因此需要从根源上激发学生斗志。这就需要各科教师在日常教学与辅导中，时时渗透激情教育，帮助学生树立远大理想。

适当举行各类活动，激发学生竞争意识，调整学生学习状态。封闭式教学，学生与外界沟通少，视野的局限性可以在课堂上由教师弥补，但是对亲情的渴望、对互动的需求就需要在课堂之外来满足。除积极参加学校安排的常规活动外，创新班应适当组织一些活动，比如远足、拔河、跳绳、趣味团建等集体项目，让学生在集体活动中获得满足感。

总之，创新班的教学与管理是一项综合工程，希望在学校领导的大力支持下，能突破瓶颈，再攀新高。

采摘果实 收获"杏"运
——以活动促活力，借节点助行动

初夏的校园，月季芬芳，楼前屋后的甜杏已经熟透了，悄悄散发着果香。

5月26日下午，学校领导以及各科室主要负责人齐聚新校区北门广场，与学生们一起采摘果实，收获"杏"运。

一颗颗、一篮篮、一筐筐，甜杏大丰收。

一声声、一句句、一阵阵，笑声满校园。

为减轻学生压力，营造轻松备考的氛围，学校领导延续往年做法，组织了这次采摘节。师生体验采摘的乐趣，感受收获的喜悦，天性得以释放，焦虑得以缓解。

德州一中有近百年的历史，积淀的文化底蕴，如春风化雨，润物无声。本次采摘节，不是单纯地从树上摘下果子，看似欢乐轻松的背后，渗透着学校领导的良苦用心。

一、身正示范，寓教于乐

自从2020年采摘节启动以来，全校师生都精心呵护着每一颗果树，静待花开花落，静待果实飘香，不攀折，不私自摘取。这种等待，是一种文明，是一种修养，会在学生的心灵中种下美好的种子，潜移默化，让其走出校园后继续发芽生根。

采摘的过程中，有些学生怯怯的，不知如何下手，校长们亲自示范。这不仅是劳动技巧教育，还是生活技巧教育，更是互动友爱的教育。

二、温暖相伴，关爱无言

高考临近，学生难免会紧张、焦虑，居高临下的教导和絮絮叨叨的心灵鸡汤难以达到预期的效果。而这样一次集体采摘，能增进彼此的了解，在欢声笑语中化解学生的压力。课堂上不敢说的话儿，教室里不能撒的欢儿，在杏树下，在广场上，先是悄悄的、腼腆的，继而就成了大声的、尽兴的。

无须多说，学校领导的全体陪伴就是给学生最好的鼓励。这次学习途中短暂的停留，成了学生前进路上最得力的加油站。

三、美好祝愿，收获"杏"运

教育是一场长途跋涉，是一个美好等待。采摘是在孕育、管理后的美好收获，这跟培养人的过程是相同的。高中三年，学校耐心培养，精心呵护，学生苗壮成长，今天我们一起摘下的是一颗颗甜美的黄杏，不久，我们一定会不负"杏"运，迎来又一年高考的大丰收。

我们感谢，感谢所有美好的相遇；我们祝愿，祝愿共同迎来更加美好的明天。

诗意和烟火：我的语文课堂

第 三 编

演讲拾遗

上中学时最喜欢的一本杂志是《演讲与口才》，还尝试着投稿，虽然稿件大多石沉大海，但是对演讲的热爱持续了很久。

中学、大学时参加过多种演讲比赛，屡获佳绩；参加工作后代表学校参加市里的比赛，代表市里参加省里的比赛，小有收获；以教师的身份在不同的时间节点鼓励学生，开学仪式、百日誓师、毕业典[礼……]都曾留下我的慷慨陈词，记录着我的年年岁岁。

唯一紧张的一次，女儿18岁成人礼，作为家长代表，我把自己讲哭了。

用爱成就梦想

今天我要讲述的，不是我个人的梦，而是我的团队、我的学校、我们大家共同的梦。

6月24日下午，高考成绩揭晓，虽然已经带了十几年的高三，但是每到这个时刻，我还是有些激动。随着一个又一个喜讯的到来，我的脸涨红了，手心都快乐地冒汗了。因为这些学生实现了他们的梦想，也实现了我们的梦想。

作为一名高中教师，我最直接的梦想就是能让每一位学生都圆大学梦。

张兴璇，在某种意义上讲，他不是个好学生，上课迟到、瞌睡，不按时交作业，但是他很聪明，理科思维很好，高三上学期痴迷于竞赛，总想着一战成名，很多功课都落下了。结果，物理竞赛只考了4分，数学竞赛也只得了三等奖。有一天他来找我，要跟我聊聊，办公室里人多，他欲言又止，要去外面谈，那时候正是冬天，我们就在一楼大厅的风口处站着聊。他突然告诉我："老师，我要考清华，考不上清华，我就复读。"说实话，当时我蒙了。按照常理，这真是痴心妄想，因为他当时的状态，也就是620分左右的成绩，然而他的眼神很坚定。我马上调整思路，说："很好啊，有这么好的理想，说明你有斗志。"他说："老师，我不是开玩笑，我是认真的。"我说："我也是认真的。清华是向所有学生敞开的，只要你足够优秀，足够努力，没人能阻挡住你。"当时他抱着头，靠着墙，很痛苦的样子。他说："老师，你知道吗？为了竞赛我付出了太多，物理只得了4分，我抬不起头来，但是我是有实力的，我真的会努力的，老师，你相信我。"楼道里的风嗖嗖地刮着，冻得我的腿直哆嗦，张兴璇就在那里一遍遍重复他的话，我静静地听着，偶尔会插一句话。我知道，他需要倾诉，他需要得到老师的认可，我能做的，就是做一名听众，让他得到宣泄，找到信任与勇气。记不清聊了多久，第三节晚自习的下课铃声响起了。他最后说了句："老师，谢谢你的信任，你看我的表现吧。"高考成绩出来后，张兴璇考了681分，很多人感到意外，然而我心里清楚，他一直在为梦想而努力，而我，也为自己守护过他的梦想而高兴。帮助学生实现他（她）的梦想，就是我的梦想，这也该是我们大家共同的梦想。

两年来，我们学校一直在探索一条更好的途径，帮助更多的学生实现他（她）的梦想，我们努力了，我们也做到了。

今年有个叫魏君逸的学生，顺利地被香港科技大学录取了，创造了德州一中的历史，也创造了德州教育的历史。面试回来，魏君逸的家长一直强调的话就是：感谢一中，感谢我们给了孩子思维权、话语权，感谢老师们的关爱与包容。面试时，魏君逸表现突出，不论是跟同学的交流还是临场回答老师的即兴提问，她都应对自如，而她如此优异的表现，得益于我们的课堂模式。我们给学生们提供了展示自我的机会，我们的教师始终用一颗博爱的心包容着他们，给他们思维的自由。在这里我想展示她的一次作业。这张手抄报是我布置的寒假作业，当时的要求是：把你在寒假的所见所闻所感，分类写出来，制作成手抄报，编辑成不同的版面。她交上的作业是一篇文章：《老郭这家伙》，还配了一幅图，图上披头散发，手拿旱烟袋，貌似女人的人——就是我。文章中这样描述我："首先她是一群中年阿姨中极为罕见的瘦子，两条腿细得像手指饼干，苍白发黄的脸上挂着两枚罪孽深重的黑眼圈，一看就是长期熬夜或者是营养不良……"文章接着写道："班里的同学都说，咱班有两个女老师——生物张老师和英语付老师，有人问，那语文老师呢？回答：'她很爷们。'"文章最后写道："很爷们的家伙，祝你好运！"这一奇葩的作业交上来，课代表忐忑，而我看到了这孩子率真、幽默、调侃后面对老师的亲近，我很得意地把作业张贴在教室里，课下围观这个类似东方不败的家伙，成了我们班放松的一个方式。我想正是我们老师、我们学校，有了这样的胸襟，有了这样的远见，才能培养出这样的学生。有时候，教育者只需要有一点包容，有一点远见，就能给学生的梦想插上翅膀，让他们飞得更高、更远，而他们的飞翔就是我们的梦想。一个这样的孩子，两个，三个，更多这样的孩子成才了，我们伟大的复兴梦也就不远了。

如果说，让每个孩子都有一个美丽的大学梦是我最基本的梦想，那么让所有的孩子都有一颗健康的心灵，就是我更深切的梦想。

我现在要展示的这个类似竹蜻蜓的东西，是个摊煎饼的工具，这工具的背后有个故事。我们班有个叫陈玉秀的孩子，是先天小儿麻痹，腿有残疾，是个沉默的孩子，跟老师走个对面也只会低下头默默地、慢慢地走过。在一次我布置的主题随笔中，她这样写着："那些电话号码我已经背得烂熟，但是号都拨了又放弃了，我不知道有谁会陪我这样的人去看场电影，他们欢快奔跑的时候我只能呆呆站在窗前，看别人激扬的青春，我只能像一只蜗牛，慢慢爬呀爬……"本来优秀的作业是要在班内展示的，那次我破了例，没有展示，只在她的作业后面含糊地写了这么一句话："这么好的文笔让我感动，谢谢你，孩子！"过了几天后，我把她叫到办公室，轻声地对她说："秀啊，求你个事呗。我特别喜欢吃煎饼果子，想在家学着做，请你帮我问问你妈妈，那种工具哪里有卖的，或者教教我怎么弄。"她一愣，问："老师，你怎么知道我妈妈是摊煎饼的？"我微笑着说："我经常去买你妈妈的煎饼啊，她的手艺好，人热情，你的妈妈可为你骄傲了。你也该为有这么好的妈妈骄傲吧？"我握着她的手，轻轻地说："孩子，每个人都有不同的人生，你拥有的就是最好的，不是吗？"她沉默了一会儿，终于点了点头，说了句"谢谢老师"，静静地走了。第二天，我的办公桌上多了一个袋子，里面有这个竹板，还有一张纸条："老师，这是我爸爸亲手做的，你要努力学哟，我妈妈说无偿提供技术支持。"我笑了。我相信陈玉秀拿着这个竹板的时候也是笑着的。尤为可喜的是，在6月9号，学生聚会之后，大家去唱歌，我看到陈玉秀在欢快地抢着话筒。让每个孩子都有健康的心灵，都有美好的灵魂，是教育者更应该追逐的梦想。

在这条追梦的路上，我从来不是孤军奋战，我的团队、我们的年级、我们的学校领导，始终跟我们在一起。有这样一个细节。每天早晨7点，李校长总是准时站在一楼大厅里，一个点头，一个微笑，给了老师们太多的鼓励与力量。实行1121课堂教学模式，我们面临着来自社会、家长、学生的重重压力，在压力面前，我们没有退缩，而是齐心协力，开拓创新，在碰撞中、在摸索中，终于用优异的成绩回答了来自各方的疑问，也帮更多的家庭更多的孩子圆了大学梦。我们把正能量传递给学生的时候，就是在给他们的梦想添加助力。让他们的梦想远航，正是我们教育工作者最朴素的梦想。

中国梦，伟大祖国的复兴之梦，是我们每一位中华儿女梦想的汇合。如果说，每一个人的梦想只是一条溪流，那么所有人的梦想汇聚起来就是大海；如果说，你我的梦想只是一棵小树，我们所有人的梦想汇集起来就是一片森林；我们每个人都是筑梦的一颗石子，石子多了就铺就了一条阳光大道。

给每一位追梦者实现梦想的机会，我们的学生就会更优秀、更健康；给每一片土地都埋下梦想的种子，我们的中华大地就会更繁荣、更富强。在这条追梦的路上，伸出你的手，伸出我的手，拿出你的爱，拿出我的爱，成就你的梦，成就我的梦，就是成就了我们大家共同的"中国梦"。

我的演讲到此结束，谢谢！

（本文系2013年7月参加中共德州市委宣传部组织的"中国梦·我的梦"演讲比赛时的讲稿）

我们的掌心盛放着你五彩的未来

各位家长，同学们：

下午好！

首先，我代表德州一中工作在一线的全体老师，对各位来参加这个交流会表示热烈欢迎。在座的家长或许有以前一中的老学生，希望母校依然能给你温暖的回忆；或许有的家长、同学是第一次走进一中，希望一中幽雅的环境、浓郁的文化氛围，能让你感到亲切。

我昨天读书，看到这么一段话，大意是说：每个人都是一粒小小的石子，把这粒石子投到湖面，总会荡起涟漪，那一圈圈的水波代表着你对这个社会的影响。这句话非常形象。那么，作为小石子的我们，如何变得更强大，如何把投掷的角度掌握得更好，如何才能在生活这个湖面激荡起更大的水花，从而对社会有更大、更好的影响，很大的因素就取决于我们年轻时所受的教育。因此，在最关键的时刻，选择最佳的学校，接受三年的高中教育，非常重要。

你来的路上看到的是一中的校园环境，在宣传册上看到的是一中的师资力量、办学条件，下面我给大家讲一讲你看不到的，就是我们的课堂教学特色。

一、全员培养，让每一块金子都闪光

我们的课堂教学目前采用的是"1121"课堂教学模式。所谓"1121"课堂教学模式，就是一个原则即先学后教，一个载体即导学案，两种课型即自主课和互动课，一个目标即增强学生学习的主体意识，全面提高学生的综合能力。这种模式的优点是把课堂还给学生，主动学习、互动学习成为课堂学习的常规，而对优秀学生的培养，则是在"1121"课堂教学模式的基础上更细化，更精准。

以语文教学为例。我们都知道，语文主观性的问题比较多，很多情况下答案不是唯一的，我们让每一位学生都有在课堂上发言的机会，都可以阐述自己对问题的理解，只有让每个孩子都张开口、动起笔，才能发现学生哪些知识是真正掌握了。现在普遍存在这样的问题：一些理科成绩非常优秀的学生，语文或许不是最好的，甚至有些弱。比如有一位叫于川的同学，客观知识掌握得很好，但口头表达能力和写作能力并不强，针对这种情况，课堂上就有意识地给他发言的机会，每次他写完作文，对审题、构思方面的优点与不足，教师熟悉了，就制定相应的措施。有几次作文写完后，我都是手把手一段段当面修改，甚至我写一段他再仿写，这样坚持下来，他的文章写得非常规整了，最后在高考的时候语文取得了137分，创造了一个奇迹。我们这样对待每一位学生，熟知每位学生的笔迹，知道他（她）在哪个知识点上有不足，甚至哪些学生容易审题失误，哪些学生选择题容易出错，都心中有数，因为，在我们的班级里，他（她）可能是几十分之一，但是在你的家庭里他（她）就是百分之百。学校领导常这样对我们说，要把自己想成就是学生家长，假设你的孩子就是这些学生，你就会关注到他的每一点。来到一中的孩子都是金子，我们的责任是让每一块金子都闪光。

二、开放包容，让每一堂课都碰撞出火花

真正意义上的好学生，应该是有思想、会思考的学生，而不是只跟着老师亦步亦趋、没有主见的学生。所以我们的课堂不是老师的一言堂，我们允许学生提出不同的见解，尤其是优秀的学生。我常这么对学生说，我只是比你们经验多一些而已。

比如，上作文课有这样一则材料：追逐着鹿的猎人是看不见山的。鹿，是梅花鹿的鹿。对于这则材料的立意，大家展开了激烈的讨论。有人认为，这是在批评猎人，太注重眼前的利益了，看不到山的伟岸，看不到沿途的风景，不能做这样的猎人；有人却认为，猎人就该这么做，他是猎人啊，追鹿是他的目的，就该专注。全班30多个学生，每个学生都把自己命制的题目板书在黑板上，大家集体研究、推敲，挑出最佳的立意。在碰撞中，在辩论中，学生分析问题的能力提高了，同时也拓展了老师的思路，"教学相长，水涨船才高"，是学生的智慧在推动着教师水平的提高。

三、创新拓展，让每一位孩子都有提升空间

好学生是相似的，聪明，勤奋，有很好的学习习惯，而且成绩非常接近，往往是一分之差，就差很多的名次。优秀学生提升的空间，集中在相对较难的知识点上。

以语文为例，该背该记的东西，经过努力大家都能记住，能拉开差距的是阅读和写作。在这一点上，历史悠久的一中，有着深厚的文化积淀和丰富的经验。在一中的三年，我们会推荐学生阅读经典，阅读时文，给学生印制了专门的语文阅读记录，有时是大家共同读同一本书，有时是阅读不同的书，以不同的方式展开交流，然后逐渐内化为自己的知识，所谓"腹有诗书气自华"，读得多，理解得多，下笔写

的时候自然有话可说、有情可抒了。你们看到的优秀学生写的经验总结，应该能感受到他们的文笔，不是干巴巴的，而是文采斐然各有特色。对于写作，我们有一整套的训练体系，不再是传统意义上的大作文，老师命题你来写，也不是放羊式的，你随便写，老师不管不问。我一直采取主题随笔写作训练，让学生关注生活，关注社会，关注自我。比如，高三上学期，我们分别写"声音""味道""颜色""天气""玩具"等主题随笔，让学生有话可说，让学生在自己的生活中发现素材，发现父母的关爱，发现社会的变化。我会把优秀的习作打印出来，发给同学们，每位学生的作品都有机会被打印出来，全体学生写作的积极性就调动起来了，就会让写作成为一种习惯，也成为生生交流、师生交流的平台。

去年毕业的温从爽同学，在一次"一年又一年"的主题随笔中，写了15 000多字，谈音乐，谈京剧，谈同学，谈老师，谈家庭变迁。她在文章的最后写道："好久好久没有如此畅快地写，写得这么多，这么毫不修饰、毫不经营地写，这么直白地直面自己，吐露自己与挖掘自己，我不知道自己这么能写，我不知道其实写作也是一种疗伤。"学生的潜力被充分调动起来后，语文成绩大幅提升。温从爽同学去年是全省高考的第二名，她的语文考了135分。全班37名同学，130分以上的有5位。

四、涵养情怀，让每一颗心灵都饱满

好的教育，先要把孩子培养成人，也就是说，要有成熟的心智，有健康的情感，有充满爱与温暖的情怀。如果我们培养出来的孩子只是做题的小机器，而不知道父母养育之恩，就算他考满分又如何？如果他是个自私、偏激、只顾自我的孩子，就算他上了名牌大学又如何？所以，一中的教育，本着为孩子终生服务的原则，不仅仅教书，还要育人。

前年有个学生，叫张敏，由于家庭关系复杂，跟妈妈的冲突非常多，临近高考时压力特别大。她经常顶撞妈妈，妈妈很无奈，不知道该怎么交流。偶然一个机会，我知道了这种情况，在一次早读课上随意把她叫出来，因为怕她有戒心，所以我很随意，显得没有做什么准备。我跟她聊我已经去世的母亲，聊我正在上小学的孩子，聊着聊着，她放松了警惕，终于道出一直以来的叛逆是因为太大的压力无处释放。心结打开之后，她的学习进步很快，2011年以第一名的成绩进入北京航空航天大学，今年还获得了国家一等奖学金。她在一篇文章中这样说："犹记一次周测后星期一的语文早读，郭老师把我叫出去。关上走廊里迎风的窗户，我们谈了一个小时。她没有具体讲试卷问题，就是聊家常。她跟我说，在她小的时候，她的妈妈在蒸馒头的时候常对她说：'可以蒸不好馒头，但做人要争一口气！'她讲她小时候学习、生活的故事，讲高考前傻乎乎地窜胡同玩。她的眼神很亲切，话语很随意，完全不是上课时充满激情的风格，倒像是一位朋友聊着无关的往事。我所有的防线被彻底击垮，第一次在老师面前流下了泪。"

这些是我们平时工作的缩影。我们努力把每一位孩子锻造成他（她）该有的样子，让他（她）不仅仅是一个能考高分的人，更让他（她）成为一个精神丰富的人。

最后想说几句。选择一中，给你一条笔直的跑道，让你的奔跑更酣畅痛快；选择一中，给你一个更广阔的天空，让你的飞翔更无拘无束；选择一中，给你知识，给你思想，给你温暖与关爱。一句话，我们的掌心盛放着你五彩的未来。

我的发言结束，谢谢大家。

（本文系2013年8月在德州一中举办的新高一家长、学生座谈会上的发言稿）

春天里

各位老师，亲爱的同学们：

早上好!

在这样一个初春的早晨，跟有着春天一样朝气的你们聊两句，我感到非常高兴。我想说，我很羡慕你们，羡慕你们春一样的年龄、花一样的青春，羡慕你们还有机会为自己的理想而拼搏，羡慕你们还有时间为描绘自己的未来而努力。

今天是3月18日，离高考还有80天。80天的时间很短，短到你踮起脚尖就可以看到属于自己的目标；80天的时间很长，长得足以改变一切。今天，我们共同站在高考的门前，作为老师，作为朋友，作为一名20年前曾经参加高考的战友，我有几句话要说。

一、树立自信，鼓足干劲

高考是一场持久战，不仅仅是智力的较量、学习能力的较量，还是一场心理的搏击。所以，自信是必须拥有的。想一想12年的寒窗苦读，你有理由自信；想一想你为之努力了那么久、奋斗了那么久的目标已近在眼前，你更有理由坚信，那就该是你的成果。

有同学可能会说，老师，语文作文还写不好，数学大题总是不会做，能行吗？也有的同学说，学到现在，发现不会的东西太多了，这么短的时间，来得及吗？我要告诉你，十八岁，春天一样的美好时光，这时候最容易让你颓废的不是前路的坎坷，而是自信的缺失，最使你痛苦的不是挫折的打击，而是路在脚下你却止步不前。想一想为了这个目标你已经积累12年，你有足够的实力，没必要怀疑自己。古语说"行百里者半九十"，越是到了最后，越需要坚定信心。不要因为过程辛苦，就连攀登都放弃了；不要因为前路漫漫，就连理想都失落了。你坚持，你才是你！

二、减轻压力，专注学习

我知道你现在很累，你有一张张数不清的试卷、一次次考不完的测试，晚睡早起是你的常态，周末假日对你而言成了一种奢侈，身边的亲朋好友都过度地关注你。你开始忧虑，担心自己：万一发挥不好，高考失败怎么办？你开始焦急，考虑自己：如果哪一科没复习好，影响录取怎么办？

我想说，你所经历的这一切，参加过高考的人都经历过。唯一的办法就是学会放下，因为忧虑让人的抗压能力减弱，焦虑解决不了问题。换个角度想，我们已经苦苦积累了12年，绝不会因为一次失眠、一次小测试不理想就会高考失利，同样的道理，也不会因你一时兴起认真听课，就会出现奇迹。所以，放下包袱，轻装上阵，专注学习，是我们唯一的捷径。

有句谚语说得好："追逐着鹿的猎人是看不见山的。"在备战高考的这80天里，忘掉与学习无关的一切，淡化对高考结果的预期。静下心来，专注眼前奔跑着的小鹿，做一名最成功的猎人。

三、懂得感恩，学会珍惜

离高考还有短短的80天。请细数你走过的时光，恐怕再难有这样一段日子可以专心致志地为自己的理想而奋斗，有这样一群同学、这样一些老师如此亲密、如此无私地和你一起，为了一个目标而努力。所以我们更要懂得感恩，感谢陪伴了你多年的老师、同学，感谢默默奉献着的父母亲人，感谢校园里那棵陪你长高的小树，感谢运动场那洒下过你欢笑和汗水的草坪。

要懂得珍惜，珍惜你高中生活最后的80天，珍惜你3年结下的友谊，珍惜每一次关爱的问候、善意的调侃，珍惜你的青春、你的奋斗，若干年后，你回头再看如今的高中岁月，你会为自己曾经的付出而鼓掌。不要把最后的光阴过得单调乏味，不要让这80天变得失落与消沉，紧紧握住属于你的青春，活在当下，珍惜今朝。

还有两天就是我们第一次练兵考试了，就像每一次大型的演出都需要彩排一样，"一练"就是我们为高考举行的"一彩"。我们应该认真对待每一个环节，尽心尽力地应对这次预备战役。常言说得好："不打没准备的仗。"在平时的练兵中，你如果是应付、游戏的态度，没人敢保证真正的战争来临，你会打得漂亮。所以，要带着轻松而乐观的情绪，认真去迎接"一练"，给自己摸个底，查漏补缺，为接下来的复习找准目标，定好方向。

同学们，抬起头，看一看这春天的天空，闻一闻校园中春天的味道，看一看枝条已经发芽，花蕾正准备绽放，这春天是独属于你们的时光。在这美丽的春天，我们更应该以青春的名义，一起播种希望，用你们的知识、智慧、勇气、沉着，在高考考场尽情挥洒，书写你们青春岁月最浓墨重彩的一笔。

让我们跟春天做一个约定，让我们给青春许一个承诺：我们必将全力以赴！

六月让我们一起见证奇迹！

谢谢大家。

（本文系2014年3月18日在学生高考倒计时80天时"国旗下的讲话"文稿）

春天里

人在高三，让我们紧紧相拥

尊敬的领导，亲爱的老师和同学们：

早上好！

今天站在这里，我有些忐忑，因为有过几次在国旗下讲话的经历，只有不重复过去，才能避免"郭郎才尽"的窘境。

80年前的今天——1935年12月9日，也是在这样的一个冬天，也是一样的热血青年，北平大学生振臂一呼，掀起了中华民族反抗日本帝国主义的新高潮；80年后的现在，我们在先辈开创的太平盛世里安静地读书，在飘扬的五星红旗下畅享青春，这是80年前的他们用生命追逐的梦想，这是80年后的我们要加倍珍惜的幸福。

高三已过去三分之一，有过开学之初的斗志昂扬，经历了考试之后的沾沾自喜或痛苦抓狂，习惯了作业的繁重、时间的紧张，甚至已经习惯了这个冬天不见太阳，在这段难得平静的时期，我想抛开学习，跟大家谈谈感情，谈谈情怀，谈谈理想。

一、跟同学们聊一聊校园情结

这几年有一种电影很流行，就是青春怀旧的电影，无论是《致我们终将逝去的青春》《匆匆那年》，还是《同桌的你》，都引起了大家的共鸣。虽然情节雷同，格调相似，但每一部几亿甚至十几亿的票房说明，这些电影得到了观众的认可。它们唤起了大家的记忆，触到了大家最柔软的神经，校园、考试、青春、同学情，观众一把鼻涕一把泪怀念的，正是你们所拥有的青春，正是你们所经历的生活，所以，同学们啊，你们要懂得，你们所拥有的是多少人再也回不去的时光，你们之间所共有的是金钱和地位换不来的真情实意。长大后你们会明白，恐怕再难有这样的时光，可以如此单纯地为了一个目标而奋斗，恐怕再难有这样的一群人朝夕相处，一起畅谈理想，应对困难，一起分享欢乐，规划未来。正如诗人海子所说，我们有最朴素的生活、最遥远的梦想，哪怕明天天寒地冻，路遥马亡。这种最简单的生活、最真实的感情、最直接的理想，是人生中最大的财富。请你们深情拥抱这段时光，你们会发现，这一段日子会是你们人生旅途中的青山绿水；请你们深情拥抱这些伙伴，你们会懂得，这是你们成长的洪流中最清澈的一段过往。

二、谈谈师生情感

几年前，有个学生的周记里面有这样一段话："我的班主任是永远不允许学生吃零食、穿名牌、打游戏的黑脸包公，却是拼命给自己的孩子买零食、买名牌的温柔爸爸，我不想做他的学生，我想做他的孩子。"看完这段话，我很受触动，我这样问自己，我是不是那个对学生一脸严肃、吹毛求疵的老师，却是对女儿满脸柔情、得过且过的妈妈？尤其是女儿上了高中之后，我更是常常这样问自己：假如这些学生是我的孩子，我会怎样？是不是就会多了一些宽容和理解，少了一些指责和严苛？是不是就会多了一些疼爱和关怀，少了一些惩罚和恼怒？当把学生看成孩子的时候，你会发现，心灵的棱角也慢慢变圆润了，你会体会到，培养学生的过程是痛并快乐的，而快乐是主体，痛已经微乎其微。

同样，换一个角度，学生该如何看待老师。从来学艺的人，师傅都会留一手，他怕你超过他，怕你抢了他的饭碗。而你们的老师是毫无保留的，他不怕你比他（她）强，就怕你比他（她）不强。老师也同父母一样，望子成龙，望女成凤，他（她）希望你比他（她）优秀，比他（她）有前途，他（她）不愿意让你也默默无闻、平淡一生，他（她）希望你学业有成、事业有望；他（她）希望你鲲鹏展翅、步步高升。换一个角度看你的老师，就多了一份亲近，多了一份感动。站在寒风中逮你迟到，那不是惩罚而是等待，躲在后窗处盯你违纪，那不是找碴而是守候。所以，亲爱的同学，让我们与你们紧紧相拥，我们拥抱的是共同的理想，拥抱的是难得的亲情，拥抱的是同甘共苦荣辱与共。

三、谈谈教师情怀

有时候我会想：做老师怎样才会幸福？工作了近20年，才慢慢想明白了。做一名教师，需要有一点浪漫主义，有一种不灭的理想，有一种不为世俗所动的情怀，说得通俗点，就要呆一点、傻一点、简单一点。前几天雾霾重重，我读到这样一句话："如果这个社会对成功的评价标准，不是金钱与权力，那么我们的环境就会清澈很多了。"我想，这环境不是指自然环境，也不是指难以消散的雾霾，而是指我们的心灵。教师或许就该是这样的一个群体：在世俗的浊流中，坚守那一股清流，不为名，不为利，为的是一种单纯的理想，为的是一份需要良心与爱心的工作。诗人北岛说："年轻时我们都有梦想，关于文字，关于爱情，关于穿越世界的旅行。现在我们在夜深饮酒，杯子撞在一起，听到的都是梦破碎的声音。"这句话形象地刻画了曾经壮志满怀的人在现实中的无奈。然而这不是我要的生活，我们的生活虽然也时时充满压力与无奈，但理想与情怀不能在岁月中消磨。在世俗的拥挤中，我依然相信孟子的话："君子有三乐，而王天下不与存焉。父母俱存，兄弟无故，一乐也。仰不愧于天，俯不怍于人，二乐也。得天下英才而教育之，三乐也。""三乐"中，父母兄弟，一家人和睦相处，应该说是亲情之乐；做人处事，一切都问心无愧，应该算是自身之乐。以上二乐，大家都容易拥有，而第三乐就不同了："得天下英才而教育之"，这是教师独享的快乐。这些快乐不包括功成名就、家财万贯，不包括平步青云、指点江山。所以，亲爱的同行们，在这寒冷的冬季，在这复杂多变的世界，让我们与知识为伍，与青春为伴，与理想相拥，这样在夜深的时候，我们听到的是梦想还在涌动的声音，是热血还在沸腾的呐喊。

亲爱的同事，亲爱的同学们，粗略一算，就会发现，我们一天到晚相处的时间，远远超过跟家人在一起的时间。有这样一句话：一万个小时的相处，能使陌生人变成亲人。而我们待在一起的时间，何止一万个小时！所以我们要珍惜这生命中最长久的守候、最珍贵的陪伴，我们要张开双臂彼此相拥，让寒冷变得温暖，让平淡变得灿烂。

80 年前，北平的一群师生肩并肩手牵手，为中华民族的未来奔走呼号；80 年后，我们应该也必将会在一起，众志成城，拥抱更加美好的明天。

谢谢大家。

（本文系 2015 年 12 月 9 日在学校纪念"一二·九"运动暨高三升旗日活动上的讲话材料）

十八岁，你要出门远行

尊敬的领导，各位老师、家长，亲爱的同学们：

上午好！我讲话的题目是"十八岁，你要出门远行"。

初夏刚至，春意尚浓。在这美丽的季节，在这美好的时刻，我们齐聚一堂，隆重举行德州一中学生18岁成人礼。

首先我代表全体家长向筹办这次成人仪式的领导、老师表示最衷心的感谢！你们辛苦了！向参加18岁成人仪式的同学们表示热烈的祝贺！恭喜，你们长大了！

按说，今天站在这里，我不应该紧张，因为就在这个地方，我曾多次演讲，迎接过新入学的学生，送走过要毕业的学子，鼓励过失利的选手，赞颂过成功的英雄。然而今天，我是以一位母亲的角色站在这里，我要亲历女儿18岁的成人礼。这神圣而庄重的典礼，让我感慨万千，种种感慨交织在一起，就成了紧张。

这紧张里有兴奋与激动，孩子长大了，要从少年变成青年了。这紧张里也有伤感和失落，虽然从你生下来，我没有一天不盼望着你长大，可是，当这一天真的来临，我才读懂了那句话：所谓父母子女一场，只不过是意味着，你和他（她）的缘分就是今生今世不断地在目送他的背影渐渐远去。今天，我要目送你走向成年，我不得不承认，你的身高早已超过了我的身高，你的手掌已经盖过我的手掌，你的力量足够大过我的力量，而就在此刻，你的光芒也掩盖了我的光芒。亲爱的孩子，我必须要面对的现实是：你就要18岁了，你要长成一个大人了！

我家有你初长成，我是该放心呢，还是更担心了呢？我是该欣喜呢，还是更加不安呢？孩子，在今天这个特殊的时刻，请允许我重复我的唠叨，我有太多的话要嘱咐。

一、未来的日子里，我希望你健康快乐、充满阳光

世上所有的父母，对孩子最虔诚的愿望就是他（她）能健健康康，这愿望从你出生的那一刻到今天从未改变。你呱呱坠地时，忐忑地检查你是不是会哭；你学会走路时，紧张地看着你摔倒又爬起；你上学了，听门外的脚步声就能判断今天的你是沮丧还是欣喜。也许世界上其他的人都在意你是否成功，只有父母真正在意你是否快乐。这健康和快乐不仅仅指你的身体，更包括你的心灵。孩子，我希望你拥有健康的身体，更希望你有着健康的心灵，我希望你的内心纯净明亮，你可以有小脾气、小忧郁，但不要忘记，时时打开心灵的窗户，晒晒阳光。要知道，一个健康快乐的孩子，是老天对父母最好的奖赏。

二、不管是现在还是未来，我希望你都能勤奋努力、
　　　积极向上

孩子，我希望你好好读书，并不是架空你的理想，也不是把我未尽的梦想强加在你的身上。有人说：我是一个任性的孩子，我想在大地上画满窗子，让所有习惯黑暗的眼睛，都习惯光明。的确，每个人都希望自己能够自由任性，但前提是，你首先要获得任性的权利。又有人这样说：我要求你读书用功，不是要求你跟别人比成绩，而是因

为，我希望将来你会有选择的权利，选择有意义、有时间的工作，而不是被迫谋生。当你的工作在你心中有意义，你就有成就感；当你的工作给你时间，你就有尊严。

孩子，你要知道，所谓成长，就是一步步由父母身边走向外面广阔的世界，由家里的小公主、小王子，逐渐成为社会大机器中的一个齿轮或螺丝钉。无论现在还是以后，我都希望你勤奋努力、积极向上，希望你永远有书香陪伴，希望你永远有着学习的热情和充盈的精神。

三、我希望你勇敢，学会独立和坚强

18岁，多么耀眼的年龄，你现在拥有的是多少人再也回不去的青春，但是美好不意味着一切顺利。你要知道，18岁的天空也会有风雨，风雨中不免夹着雷电，荆棘中难免藏着陷阱，而你要学会独立面对这一切了。前几天，我问女儿：18岁对你意味着什么？她突然就回答：意味着犯了法要进监狱了。我知道她有调侃的意味，但是这回答很正确：18岁以后你要学着承担责任了。在有风有雨的未来，你要学会自己撑伞，遮风挡雨了。

其实每一位父母，都会毫不保留地把所有的爱给予子女。我曾经无数次想，如果可以，我愿意是一棵果树，你累了可以依靠，你饿了可以吃果，你热了能够纳凉，你冷了可以劈开我取柴点火。可是，没有如果，妈妈不是树，只是千万父母中最普通的一个。如果小时候，我是你的天空，长大后，我只能做你的背景，如何去飞，只能靠你自己挥动翅膀了。所以，你一定要做自己的勇士，做自己的英雄。

我还希望你懂得珍惜和感恩，心怀善良和悲悯；我还想告诉你要懂得如何去成功，更要学会如何面对失败。要说的太多，恐怕世上所有的父母，都曾小心翼翼地重复着啰唆。而这所有的啰唆，有一天，你终会懂得。

最后，我写了一首小诗，送给你们，作为今天讲话的结语：

给十八岁的你

都说为母则刚，孩子的降临可以把母亲打造成无所不能的"钢铁侠"，其实每一位母亲都是诗人，她涌动着的爱意是最伟大的抒情诗。

如果可以/我多想回到过去/大大的手掌/牵着小小的你/走过风，经过雨/如果可以/我多想留在此刻/秋天的我陪着夏天的你/享受青春，拥抱甜蜜

可是我知道/没有如果/你的长大就意味着我们的别离/十八岁的你要出门远行/我只能目送着你渐渐远去

那么，来吧/亲爱的孩子/让我再一次牵你的手/并肩送你到18岁的入口/我把所有的爱都化作了祝福/愿你坚定地走向未来/风雨无阻

（本文系 2017 年 5 月 7 日在女儿的成人礼上作为家长代表发言时的发言稿）

十八岁，你要出门远行

你们要毕业了

当六月的风在树梢荡漾
当初夏的雨把地面敲响
当《毕业歌》又一次在校园回荡
我的孩子们，你们将飞向远方

三年的时光很长
褪色的校服里回荡着拔节的声响
翻烂的书本里记录着智慧的光芒
三年的岁月很短
迎新仪式的鼓掌似乎还没停息
入学军训的哨声仿佛耳边荡漾

这个六月注定是蓝色的季节
摆在眼前的是看得见的离别
那紫藤花开了又谢
我们也要聚了又别

这个六月注定是绿色的季节
聚在一起的是触得到的青春
那爬山虎枯了又发
你们也已悄悄长大

这个六月注定是红色的季节
响在耳边的是沸腾的激情
那蔷薇花已经绽放
你们也要出发去向远方

这个六月注定是彩色的季节
闪耀在天空的是青春的彩虹
那合欢树已经茂盛
你们也要开始崭新的人生

还记得吗？
语文课上我们激烈地竞猜
选择题的答案
争论着该成为
实用的枣花还是美丽的牡丹
还记得吗？
化学课上
结构式分子式键线式
式式把你纠缠
还记得吗？
数学课上读不懂的
统计和导数
还有那总也写不完的
函数和圆锥曲线
还记得吗？

▼
▼
▽

你们要毕业了

物理课上
重力弹力摩擦力动能势能机械能
分不清的点电荷和质点
还记得吗？
英语、政治和生物
记不清的单词、概念和遗传
历史地理一遍遍
背不完的高山、深谷和事件

我记得
你激扬的青春
是我沉闷时新鲜的血液
我记得
你绽放的笑脸
是我倦怠时振作的源泉
我记得
你的依赖、调皮和灵动
让我永驻青春的容颜
我记得
你的倔强、叛逆和坚韧
让我坚定人生的攀援

今天，在这里
我们一起为昨天
画上圆满的句点
今天，在这里
我们一起为明天
把决战的行囊清点

请带上你的知识

那是三年来日日夜夜的积淀

请带上你的自信

那是十八岁的你该有的勇敢

请带上我的叮咛

那是老师讲了又讲的经验

请带上我的嘱托

那像母爱无时不在的温暖

如果说高考是阴晴难测的天空

你就是那高傲飞翔的海燕

如果说高考是波诡云谲的海洋

你就是那乘风破浪的帆船

如果说高考是没有硝烟的战场

你就是那冲锋陷阵的勇士

可是高考就是高考

你就是你，最好的你

我的学生，我的英雄

你就要出发了

我的学生

我愿是鼓手

为你的前行

擂响冲锋的节奏

你就要出发了

我的孩子

我愿做妈妈

为你的拼搏

装满爱的牵挂

你即将走出这封闭的天地

你也将离开这平静的桃源

你一定要记住
你人生的每一处攀援
我都能看见
你一定要记住
我为你疲惫的脚步
保留着最暖的港湾

我在等待
等待飞鸟搏击蓝天
我在等你
等待游子荣归家园

当六月的风在树梢荡漾
当初夏的雨把地面敲响
当离别的歌声又一次在校园回荡
你们要毕业了
我的学生

你们要毕业了
我的英雄
未来的大门已訇然敞开
我、我、还有我
终于摊开了手掌
把你送给美好的明天

（本诗系 2019 年 6 月在 2019 届高中生毕业典礼上的致辞）

第 四 编

诗意高三

高三直面高考，复习加测试，测试加复习，像高速行进的队伍，不敢懈怠，不敢停留。

满弓易折，绷得太紧，反而不利于前行。纵然压力重重，语文应该是诗意的，像拂面的春风。

语文学习应该是开放的、包容的，要把学习嫁接到生活中，把生活融入学习。

在每一个专题复习的时候，我都会设计一些比较"矫情"的环节，让学生遇见小说，约会诗歌，行走在散文的春风里……

在很多节点，我也会带着学生驻足，赏春花盛开、夏蝉高鸣、秋叶飘落、冬雪纷飞。

高三未必无诗意，心怀温暖，处处是春天。

于小说中品读百味人生

风格各异、包罗万象的小说，是生活局限的我们了解大千世界的一扇窗户。小说中不同的人物、不同的事件、不同的场景，会让我们展开丰富的想象。它观照现实又高于现实，体现着作家对人生独特的感悟，我们会在别人的人生中看见自己。

一、情境导入

与小说兜兜转转一月有余，认识了这样或那样的人物，品味了我经历或没有经历的生活，见识了我懂得或不懂得的人生。世间百态，冷暖人生，在教室之外，在试卷之外，在高考之外，徐徐展开。

突然就懂了《锁麟囊》的唱词："此时却又明白了，世上何尝尽富豪，也有饥寒悲怀抱，也有失意痛哭嚎啕……"

小城中卖馄饨的夫妻，陪伴了我的少年和青年，那一碗鲜香热乎的馄饨、那一句轻声细语的"好哩"、那一双相依相伴的背影，让我懂得了凡人的善良和诗意。

二、习作要求

依据所读小说，选出至少3篇，针对其中涉及的人物，写出你的感悟和理解。可以续写上面的内容，也可以自拟主题，写一段文字，不少于100字。

三、学生作品选录

一口面汤、一颗橡碗、一句句《论语》背后是一个个鲜活人生；一碗馄饨、一份蛋糕、一顿只有白菜馅饺子的年夜饭背后是一件件平凡之事汇聚起的人间真情；一块碎玻璃、一片为人遗忘的苗圃、一块黑暗中的明光背后是对人生价值的冷静思考；一场啼笑皆非的电影、一个永不到来的明天、一道人人都要找的裂缝，是对社会丑态的无情揭露；一条水沟、一场霍乱、一次以牺牲环境为代价的扶贫，是对国家的深入观察；一个崭新的文明、一个饿死的婴儿、一个疯狂的女人，则是对人性、文明的深层思考……不知不觉，真是写了不少，但这只是您留给我们的冰山一角，但透过浮在海上的八分之一，也不难窥见剩下的八分之七了吧。

（禹华东）

古渡头的渡夫，仍撑着破烂不堪的老渡船，渡过一个又一个归家或远行的旅人，四季不辍的长篙入水，荡漾起凡人在苦难面前的坚韧与不屈；街头捡烂纸的老头仍在啃着烧饼索要面汤，一声声爽朗却无人理会的再见、一张张攒下却无用的纸币，诉说小人物的卑微与尊严；荒漠中的夫妻，仍是年复一年撒着麦种播种着太阳，呼啸的风依旧，却吹不散麦子的金光，吹不散普通人执着的坚守与顽强。合上书页，他们的故事从未结束，微尘众生纵有饥寒失意，纵有痛哭流涕，也敌不过一个又一个大写的人顽强地行于风雨，挺立人间。　　　　　　　　　　　　　　（穆晓庆）

　　古渡头撑渡船的渡夫，教会了我面对人生的苦难，那一夜船上的收留，那一场悲痛的呐喊，那一曲纵情的高歌，让我明白了人生的苦难与生活的信念。边疆上种麦子的夫妻，携手一同守卫边土，那一片金黄的麦浪、那一次白马上的情话、那一抔泥土的光芒，让我触摸到生活的希望、对祖国的热爱。为国牺牲的赵一曼女士，严刑拷问誓不屈服，那一声悠远的冬夜钟声、那一次点人警醒的劝诫、那一抹淡淡的微笑，让我动心于她的风骨与气概。　　　　　　（李佳怡）

　　珠河县从容就义的赵一曼女士，鲜血染红了盛开的丁香，那一份端庄的神情、那一份对共产主义的向往、那一封深切叮咛的家书，让我理解了文人的拔俗和军人的冷峻。宋国界里步履艰难的墨子，爱的风驱走满城的云，那一种踏实备战的坚守、那一份行又无果的落寞、那一身淋湿的无奈，让我懂得了英雄的孤寂与不易。西南联大宿舍爱的文嫂，先生的敬意带来校园的温暖，那一声一辈子的承诺、那一道迎天劈下的惊富、那一堆散乱的鸡毛，让我看到人生的无常与忧伤。　　　　　　　　　　　（王炫菲）

　　在那至豪至奢的宴席上，我为众大员的丑陋嘴脸所愤恨、为民族脊梁般的禹所折服；在那寥无人迹的无尽星空中，我体会到先行者的渺茫与孤独；在余晖中，卖馄饨的夫妻手挽手消失在幸福的尽头；在白雪皑皑的山谷中，尼克学会了和生活妥协，我也懂得了和解……每一篇小说都是一个新的旅程，或是西北荒漠，或是极地严寒，或是异

域风光，或是就在我们身边……小说的世界，多姿多彩，
我们又怎能不溺于其中……　　　　　　　　　　　（史逸飞）

四、感悟与收获

　　短暂地逃离考试，他们的内心变得敏感而柔软，在包罗万象的小
说里熟悉他人的世界、观照自己的人生。
　　用心品读，高三也充满诗意。

◆
◆
◇

诗意和烟火：我的语文课堂

行走在散文的春风里

年轻时喜欢小说，陶醉跌宕起伏的情节，唏嘘错综复杂的爱恨情仇，沉迷真真假假的江湖……岁月流转，青春不在，心绪发生了变化，小说里的世界渐渐离我远去，从前一定要追根究底的原因与结果渐渐不再重要。手边的书，换成一本又一本的散文集：张晓风、王安忆、迟子建、池莉、李娟……可能是同为女人，更喜欢女作家的细腻与深情；但是蒋勋、董桥、余光中、刘亮程等男作家的散文也常伴左右，在他们的诉说中，我感到我并不孤独，我不是一个人在行走。

一、情境导入

散文，是美的文学。美的景，美的情，美的色彩、音响与光晕，美的动与静……执着地追求美的散文家，总希望从生活里提炼出美的本质，从而自如地揭示生活的自然美，唤起读者情感的强烈共鸣。

读散文，如春风拂面，撩人情思，引人感动，也把沉睡的灵魂叫醒。

二、写作要求

梳理近期复习课中学过的散文，摘取精妙词语、精彩句子，归纳文章类型，感悟情感主旨。

以"行走，在散文里"为主线，串起你在散文专题学习中的体会、感悟与收获等。也可以根据某一篇文章，写出自己的感悟，涵盖要点，语言优美，体现个性化解读。文意连贯，主线清晰；语言优美，可适当摘取改变原文。

三、学生作品选录

行走，在散文的春风里，我看到，少年的心事宛如含羞草般敏感，碰不得。你所能做的也就只有像我一样在窗边远距离地凝视和无言地守望。每一个纤细朦胧的灵魂都会在见证和承担中走向粗粝而不失温柔的远大。如果说小说是在熙熙攘攘的人群中结识世界的纷繁，散文就是在一幕雨中、一袭清凉里感知游丝样的却又韧得扯不断的所谓历史、所谓文化，然后在注视着翩翩起舞的孤魂的同时，孤芳自赏。散文中的雨，落在南浔的水乡里，映着灯影激荡着几代儒商的传奇；那雨落在老北京的大栅栏里，融着阵阵食物香气对话着老城的前世与今生；那雨落在紫禁城里。和着飘摇的历史深处传来的笛声徒留一地叹息。

（徐晓帆）

上午，雾霭沉沉，针脚如密，遇上女孩幼兽般漆黑发亮的眼睛，只言片语后，山也跟着沉默；午后的阳光炙烤着大地，抬起唱针，艾尔鲍利的歌声飘入空中，与亡妻共饮一杯琴蕾酒；某个晚上，眺着月色下迷迷蒙蒙的原坡，遥想刘邦翻过骊山涉过灞河；午夜清华园，风影声动，如梵婀铃上奏着的名曲。散文中的一天，是定格的无数个美好，在时间的静默流走中孕育芳香，无所谓"形"的聚散，只有自然的喜怒与悲欢。 （华科佳）

行走，在散文的春风里，去建水城的古街上邂逅天真活泼的卖花女，感受古镇的历史气息与人文活力。去乡下的原野上走一走，乡村的景与人都是激励精神的强心剂。更遑论随祝勇去触摸昨天的文化，随梁衡去欣赏身边的线条之美。走近散文，又何尝不是心灵的荡涤。 （宫一玮）

世界本不需要美文，因为生活本身就是美的，只是越来越多的人忘记了生活中的美，我们才发现文章之美。我们会到清华园，去看那乳白色的月与灯；要到剑桥，挥别古往今来的云彩，体味水里云里的依恋与潇洒；要去台湾，去邂逅那或许真的难以预约的雪；要逛大栅栏，品油盐酱醋、衣食住行里的京味；我们要去建水，尝烧卖，听大红门吱扭吱扭的教诲。我们要去的地方太多。要去的地方我们终将会去，在脚下，也可以在心中。 （宋智凯）

四、感悟与收获

学生审美的开化需要教师的引领，耐心引导学生在散文中行走。让散文的春风吹开少年的心门。

悟自然，少一分掠夺，多一分敬畏；思故园，人虽已走，心并未远；仰圣贤，瞻之在前，忽焉在后；品民族之风，知天高海阔，晓多彩人生。

在散文中欣赏、思考、感悟，在生活中发现、品味、沉淀。

或许，在我们共同的努力下，学生会与散文结一分缘，少一分怨。

我和诗歌有个约会

　　我国是诗的国度。千百年来，古典诗词带给我们的语感、情感以及美感都是巨大的，是深入人心、沁入心脾的。

　　诗歌，它教会我们歌咏自然，医治心灵的创痛；诗歌，它教会我们简朴生活，保留生命的本真。

　　诗歌，它时而诉之于浪漫主义，使人们超然于辛勤劳作和单调无聊的世界之上，获得一种感情的升华；诗歌，它时而又投身于现实主义，关注人们悲伤、屈从、克制等感情，通过悲愁的艺术来净化人们的心灵。

一、情境导入

　　古典诗词是美的，或许隔着漫长的岁月之河我们看不清它的真实面貌，但恰恰是这种距离，带给我们朦胧之美、距离之美。读诗是风雅的事，做古诗鉴赏却是痛苦的，我们总是和出题人有着遥远的距离。

　　暂时放下那些标准答案，与唐诗中的风和月、宋词中的花和酒来一场美丽的约会。

二、写作要求

整理近期鉴赏专题中的古代诗歌，熟悉内容，勾画自己喜欢的句子，沉淀情感，酝酿情绪。

以"我和诗歌有个约会"为题，写一段文字，大胆想象，创设情境，恰当引用或者化用诗词中经典的句子。

三、学生作品选录

三国两晋，历史的车轮给诗歌添上一笔壮怀激烈，抹上一层巍峨傲然。呷一口茶茗，却仿佛咽下那最浓烈的一杯壮行酒。试看那孟德"老骥伏枥，志在千里"，以杜康解忧，以朝露自喻，身虽"忧从中来，不可断绝"，却愿"周公吐哺，天下归心"。且观那曹植"翩若惊鸿，婉若游龙"地"左挽因右发，一纵两禽连"，赏他笔下那皓腕可约金环的美人，"远而望之，皎若太阳升朝霞；迫而察之，灼若芙蕖出渌波"。采菊东篱，谁的目光"悠然见南山"；躬耕陇亩，谁的赤胆"频繁天下计"。战火狼烟与节操名望并存的年代，我与诗歌相顾无言。

(赵文烁)

一直认为读诗是件文雅事。只有在春日临水照花或冬夜飞雪映梅时，着一袭裙，品一盏茗，方配得上一阕精致小词。不想，今年我竟是在这个半夏半秋、不炎不凉的季节，在飞旋的风扇和聒噪的蝉鸣的围攻之下，与诗歌耳鬓厮磨了一月之久。流转于诗歌中，我看到的是世间千姿，品到的是人生百味。雨褪残花，泥沾败絮，堤上罗裙凌波婉转，心事暗伤；雪残雁断，月新潮生，舟中青衫独对蒹葭，厌听棹歌。共鹦鹉说的不是软语，而是一片寸断柔肠；对扬州垂的不是清泪，而是一腔滚沸热血。冬昼莫嫌竹无叶，墙下仍有一株梅；钓舟且向灯火处，自有风月替人愁。卷帘放愁，有得梨花微雨；起身理棋，无奈应劫已迟。诗词似一个偌大的戏台，台上或水袖暗舞，或长髯微飘。我痴痴地在台下望着戏中人的悲欢，却不料自己早已落入这逃不出的轮回。每首诗中都藏着一个人，每个人心中都埋着一首诗。有人的诗萧杀凄迷，有人的诗婉丽明艳。而我的诗，刚刚开篇。那是一个长约，我许它此生不渝，它报我一世诗情。

（牛泽惠）

中国的诗歌，是浩瀚的海洋。徜徉在诗歌的浅滩之上，迎着海风，极目远眺，"落霞与孤鹜齐飞，秋水共长天一色"之美油然而生，然而一个浪头袭来，又让人感到"衾铁棱棱近五更"的悲凉之意。不过，游于诗海，无数先人的思想使人的心灵得到沐浴，精神得到洗礼。我曾无数次期盼能够梦游天姥感受万丈天台的雄壮，体验"洞天石扉，訇然中开"的惊险，并一睹仙之人的风采。尽管这只是个传说，也曾在失意的时候同好友在操场上"举杯邀明月"，同诗仙一道，借瓶中的"酒"洗掉内心无尽的愁绪。在疲劳之中，我时常在脑中构建自己的世界：那里有"白云依静渚，春草闭闲门"的宁谧，又有"梢影细从茶碗入，叶声轻逐篆烟来"的安适，兴起之时还可以采菊东篱。然而，诗海却是由无数失意者的眼泪汇成，仔细品味，苦中带涩。透过历史的明镜，我看到了思妇"却傍金笼共鹦鹉，念粉郎言语"的思夫心切，看到了山寺中无家客"山中独不眠"的愁思。看到了咸阳桥上"牵衣顿足拦道哭"的生离死别，也看到了义士"可怜白发生"的壮志难酬。长安城外那个"心忧炭贱愿天寒"的老翁告诉我统治者的黑暗对人民的压迫。而"朱门酒肉臭，路有冻死骨"告诉我这世上仍有万千百姓生活在水深火热之中。也许，在诗海中畅游，留意的不是那些闲人抒发的伤春之情，而是那些失意人发自内心的呐喊。 （蔡立华）

我和诗歌有个约会，我领略了陈与义的一杯楚酒，两袖诗风，他在乔木峥嵘的明月中寻得一份清幽，在园花经雨后的百般红中寻得一分春色。我以唐诗为杯，宋词为水，泡一杯清茗，那香气氤氲里是"蜗涎分断壁，莺语并邻家"的闲适；以星辉为墨，夜幕为纸，画一幅山水，那挥毫泼墨的是"一挥截断紫云腰"的豪迈；以时光为轴，记忆为笔，写一段故事，那风尘往事里立着"夕阳千万峰"。那年秋暮，颗颗珍珠雨，她"却傍金笼共鹦鹉，念粉郎言语"；今朝"我自只如常日醉，满川风月替人愁"；明日"江郊芳草路，春逐行人去"。花开花落，都来几许，且高歌休诉。姑且满斟一杯绿醑，共饮世间悲欢离合。 （刘可伊）

四、感悟与收获

教学是一门艺术，引领更需要教师的智慧，如何在重复中突破，在高三复习中厚植情怀，是教师努力的方向。

居家学习也热血澎湃

一、情境导入

新冠疫情牵动着人们的心。作为高三学子，我们不是白衣战士，不能冲在一线救死扶伤；我们不是社区工作人员，不能严防死守，逐一排查病患；我们不是工人，不能夜以继日地建造医院，生产医疗设备；我们不是商人，不能直接在海外买下口罩厂……

但是日后，我们会成为医生，成为科技工作者，成为商人，成为公务员……

我们现在能做的，不只是埋头苦读，不能是"两耳不闻窗外事"，我们还有手中的笔，可以为在抗击病毒中所有可爱的人歌唱。

二、写作要求

请以"这是我们的战'疫'"为题，写一首小诗，表达你居家学习的感悟，或是对防疫工作者的敬佩、对战胜疫情的决心等。

三、名家范本

致敬钟南山

陈先义

该怎么称谓您呢？
我不愿说您是明星，
因为小娘炮小鲜肉们，
已经消解了它丰厚的内容。
说您是明星，
便歪曲了社会对您的尊敬。
我也不愿说您是学者，
因为太多太多的学者，
大脑已丧失说真话的功能，
面对"人传人"的科学断言，
有的人语无伦次
说话已经模糊不清。
学术的良心，
被论斤作两，
卖给了大腹便便的资本大亨。

我也不愿说您是院士，
因为用院士的称谓，

似乎还描绘不出，
您那泾渭分明，
揉不进沙子的睿智眼睛。
何况有的院士，
视论文超越疫情。
称您院士，
似乎还表达不了，
一个八十四岁高龄的老人，
那铁骨铮铮的钢铁秉性。
您是医生，
可我依然不愿这样称谓，
因为年轻时，
您曾是一名国家运动员，
酷爱绿茵场的田径。
您是一名敢拼的战士，
最喜欢的词语是冲锋。
思来想去，
我想到了鲁迅先生，
上个世纪初早已为您定名：
那是沉甸甸的四个字，
"民族脊梁"——
力拔山兮气盖世，
天欲坠时南山擎。
一盏仙壶济世悬，
国有危难立钟鼎。

为了我们国家的崛起
为了伟大民族的复兴，
您是埋头苦干的战士，
您是拼命硬干的先锋，
您是为民请命的贤达，

您是舍身求法的英雄。
您用盈盈的泪水，
暖化的何止是武汉人，
那是整个中国的百姓。
您的眼圈为什么常常发红？
因为那饱含着的，
是一个老战士，
对祖国和人民的无比忠诚。
南山不老啊，
大树长青。
铁肩道义啊，
有英雄担承。

看如今千军万马战疫魔，
战旗指处老"黄忠"。
这是一面英雄的旗帜，
战旗的后面，
是千千万万华夏儿女，
无所畏惧的强大阵容。
有这样的队伍，
有这样的英雄，
我们所向披靡，
我们无往不胜。

四、学生作品选录

闪耀的希望

毛智弘　甘若玮

焦急中，迷茫中

我们放下书本，抬头远望
看！那黑暗中
一束闪耀的光！
不，那儿有一束、两束、
数不清的光线汇聚成黎明的朝阳
将前方的迷途照亮！

那束光，
是风华正茂的护士姐姐们褪下霓裳，剪去青丝
披上了洁白的战袍，浩气英风
踏上这没有硝烟的战场
那束光，
是全力以赴的火神山战士们日夜兼程，倾力建设
指挥着冰冷的重机，众志成城
又一次创造了名为中国速度的奇迹

那束光，
是义无反顾的钟南山院士肩负使命，逆风出征
为生民立命，与病毒抗争
挺起了中国的脊梁，国士无双
那束光，
是身患恶疾的张定宇院长起早贪黑，殚精竭虑
坚守在金银潭的前线，负重前行
与时间赛跑，与恶魔对抗

这个冬天最可爱的人们啊
看！你们的光把这抗疫的前线照亮——
菜商倾力相赠，物流星夜驰往
媒体积极宣导，企业慷慨解囊……
有你们在，我们又何惧病魔

有我们在，你们将势不可挡！

寻 春
——立春有感
张笑寒

隆冬腊月，寒风吹彻
病毒在空气中飞速传播
他们告别了年节的热闹和温暖
跨越寒冬，来到武汉，寻找春天。

一切好像都是那么苍白和凄凉
雪白的防护服洁净的病床空旷的街巷
难道春之精灵
真的抛弃了这座可爱的城市？

啊，她们在这里——
剪下长发，她们牺牲美丽保护你
退掉车票，她们千里奔赴陪伴你
露出伤痕，她们忍受辛劳照料你
亿万同心，她们奋战一线只为你

你或许与他们素昧平生
但在这个冬天
她们是春日的樱花
从五湖四海的树上飘来
冲破地域的界限
在隔离出来的一方冻土盛开，
给你春天的温暖与动人的香气
安心的力量与战胜的信心
你逐渐明白

她们在哪里，春天就在哪里

阳春四月，遍地芳菲
樱花将为整座城市披上粉红色的朝霞
她们也将在这里
摘下白色的口罩
和你一起
拥抱多彩的春天

等你平安归来
杜云帆

病毒在黄鹤楼下肆虐
你们远离亲友和家乡
怀揣着温暖和希望
并肩筑起抗疫的长城
医护人员成为
最锋利的宝剑
年迈的老者毅然决然逆风出征
稚嫩的少年褪去青涩扛起责任
如花的少女脱下霓裳剪断青丝
家属成为最坚强的后盾
丈夫愿包揽一年家务
只要你平安归来
父母保证会照顾好自己
只盼你平安归来
儿女依依不舍送你离去
只愿你平安归来
送上一句温暖祝福
点上一盏不灭之灯
我们都在等

等太阳融化坚冰

等光明驱散黑暗

等武汉平安康泰

等中国平安胜利

五、感悟与收获

居家学习是枯燥而焦灼的。这些平时走路都要放声歌唱的少年，被关在方寸之屋，他们的种种情绪无处安放。

引导他们在芜杂的信息里相信真善美，在不确定中坚守理想和信念，是语文教师的本分。虽然也曾迷茫，也曾忧虑，庆幸的是我们最终迎来了春天。

百日誓师存诗情

高考百日誓师是很多学校的重头戏，营造气氛，振奋精神，释放压力。

百日誓师已经成了一种文化，摇旗呐喊，擂鼓助威，好不热闹。

要在热闹中找到意义，不仅仅是喊了几嗓子，流了几滴泪，而是要入心、走心，还要留下痕迹。

在学生群情激昂之际，适度引导，他们也会出口成章，一挥而就。

下面呈现学生的优秀诗篇若干，可以仔细品味。

誓　师

李云瀚

高考誓师在百日，少壮英才此立誓。
旌旗锣鼓凭风势，题名金榜待君至。

誓师有感

赵佳薇

阳春三月惊蛰至，投桃报李正华年。

东风袅袅好扬帆，倚天迎风立誓言。

战鼓擂擂催英才，厉兵秣马敢为先。

胸中傲气悬红日，誓握天下破霜寒。

光

孙文超

满天繁星，

我是其中一粒光亮

起于微时

对世界抱有好奇

对未来充满希望

于漫漫长夜积蓄光芒

不因幸运而故步自封

不因困厄而一蹶不振

忠于理想　奔向远方

我终将活成一束光

谁若接近我　就是接近光

我　想

孙志越

我想去远方流浪

想去江南古镇描摹那烟炊画廊

想去塞北边城感受那大漠荒荒

我想去奔跑像风一样

擂鼓声阵阵

空气中充满了梦想的味道

我端坐在教室里

憧憬地写下这些"我想"

如山的试卷就在我的身旁

起　航

郭光烁

明媚的阳光下，
跳动着一颗颗年轻的心灵。
放飞的气球中，
蕴藏着一个个坚实的梦想。
目标板上，
满载着我们的青春豪气。
合影照中，
记录着同窗师长的情意。
鼓声、喊声、宣誓声，
声声入耳。
把感动留在心底，
把命运握在手里。
阳光不燥，微风正好，奋斗正当时。
一百天，不遗余力，不言放弃。

相约看雪，一起写诗

2021年，立冬，一场大雪如约而至。寂静的校园被漫天飞雪唤醒，学生们不时伸长了脖子偷偷地看雪。人还在教室，心肯定飘向了远方。索性放下试卷，走出书山，跑到操场，奔跑、呐喊、嬉戏，与漫天飞雪来一场美丽的相逢。

当高三遇到初雪，我们也有诗意的青春。在大雪中，灵感激发，一首首三行诗随口吟出。

一、师生作品选录

漫天飞雪飘洒
是天空写给大地的
童话　　　　　　　　　　　　（郭书新）

北风携手初雪
送给立冬一场壮丽的
交响　　　　　　　　　　　　（李佳怡）

满目白雪茫茫
挡不住眺望理想的
远方　　　　　　　　　（马千理）

我们脸上灿烂的笑容
与大雪反射的日光一同
把天空照亮　　　　　　（高佳懿）

山河厚意
盛装出席
共蜉蝣一场白首限期　　（张立伟）

初雪点亮夜的灯
照亮落叶与寒风
温暖我的梦　　　　　　（穆晓庆）

飞雪书写童话
卖火柴的小女孩会熬过寒冬
在六月绽放夏花　　　　（孙瑞涵）

银装绿枝挺拔
是青春无畏寒意的
回答　　　　　　　　　（张传明）

风雪肆意纵横
是战神织给勇者的
征篷　　　　　　　　　（刘骏树）

二、感悟与收获

晚霞也好，大雪也罢，都是单调生活中的浪漫、压力重重下的释放。

我们铭记的不仅仅是大自然的壮美，更是一段不懈奋斗的时光、一群并肩作战的伙伴。

第 五 编

生活有感

工作平凡，生活平淡，是一些人的基调。

有同事曾开玩笑说，我们的生活就像这个北方小城的街道，连个坡都少见。

的确，闭塞、单调、紧张，是教师生活的标签，何况高中教师。

日复一日中，还是会有很多人、很多事、很多个瞬间，会莫名触动内心。

作家刘子超说："如果不能以写作这种方式对所见所闻、所思所想加以确认，我总害怕有一天记忆会像我曾经养过的那只小猫，不辞而别。"

记录这些人、那些事，记录生活，庆幸还能感动与感慨。

持久战

一对欢喜冤家的日常，一段早更和青春期的碰撞。——题记

这场战役是从何时开始的，我已然忘记，会到何时结束，也是未知。重复的场景和对话，构成了家庭生活十几年的主旋律。

女儿从小就不拘小节，女孩子基本的生活细节几乎没有进入她的程序，不爱洗脸，懒得梳头，袜子忘记换……诸如此类的事情颠覆了我对女孩子所有的期许。

单就洗脸而言，虽然我无数次嘱咐，甚至命令，甚至威胁，但已经15岁的她，洗脸的水平并没有随着个头的突飞猛进而增长。每次洗脸依然跟猫一样，只是浅浅地沾湿脸蛋，便迅速擦干。有时我的指令还没落地，她已经结束战斗，坐在饭桌前，脸上挂着的水滴证明她的确洗过了，但同时暴露她又一次没把脸擦干净。好多次我几近绝望地问孩子爸爸，是不是我昏睡在产房的时候，粗心的他把孩子抱错了，可是看着那张跟老公几乎是一个模子刻出的脸和酷似我的眼神，我的疑虑顿消。

每天清晨，伴随着叫醒服务的就是"贝贝，记得洗脸，刷牙，抹

油油"的叮嘱，这声音有时委婉，有时高亢，有时无奈，有时暴躁。"知道了。"这回答也有时干脆，有时拖沓，有时响亮，有时慵懒。一日复一日，一年复一年，镜子里的我们一天天在变。最开始我站在她身后，高出她半头，从镜子里可以看到我时而温和、时而严肃、时而无奈的眼神；如今，我踮起脚尖，都难以在镜子里看到我的一点踪影，178厘米的她牢牢地把163厘米的我挡在镜子的前面，也拦在岁月面前。时间在无数次问与答中流逝，年轻的我老了，年幼的她大了，而这场战役仍在持续。

有时，我会突然很生气地对她说："我不管你了，让你脏成小狗小猫小猪。"高兴的时候，她会嘿嘿一笑："不管好啊，我自由啊，自由啊，我的女神！"不高兴的时候，她会扭着头，一个白眼就算是回答。

几天没去管。晚自习回家后，我抓住她那已经比我的手指长半截的手，发现手背上、手指肚上红的、黑的墨水影影绰绰。"贝贝，你给我洗手、抹油，不然不许睡觉！"我一边叫着她的小名，咆哮着，一边忙活着检查另一只手。孩子爸奇怪地问："你俩不烦啊，为一件事重复了十多年？""不烦，跟听歌一样。"女儿回答。她慢吞吞地在我的逼迫下开始洗手、擦油，弄完后，脸盆外肯定到处是水滴，没有意外。

如今，女儿已读高二，掰着手指使劲数，她能与我朝夕相处的时间也只剩一年半。一年半后，她会记得洗完脸要擦油吧？会记得刷牙用温水吧？会记得勤换袜子和内衣吧？……

就像雏鹰早晚会独自飞向蓝天，她一定会独自应对所有的风雨，就像当年的我一样。

有一天这场战役会结束，但母爱永远没有尽头。

父母爱情

我对爱情最初的印象，就是父母之间最朴素的日常。时至今日，我仍然觉得，爱情最好的样子就是琐碎而平常的温暖。

我的父母是自由恋爱。在网恋早已过时、各种相亲节目备受追捧的今天，自由恋爱没有什么新奇之处。然而在父母年轻的时候，"自由恋爱"绝对算得上是新词语。

那是1956年，我父母所在的县组建了一个"红专学校"。20岁的他和18岁的她，都因为家里足够穷、家庭成分足够好，光荣地从各自的村子来到同一个地方，开始了他们崭新的生活。只不过，父亲是学文化积极分子，母亲的主要任务则是在厨房打杂。

母亲说是父亲主动追的她，父亲却说，其实是他们班的团支书牵的线。对这个团支书，他俩一直很感激，逢年过节都要去拜访，回家后围绕当年的细节继续打嘴巴仗。

母亲是个要强的人，但却体弱多病，七个孩子一个接一个地降临，让她本不强健的身体更加虚弱。母亲常说自己就是个药罐子，一辈子吃的药可以用车来拉了。

母亲20岁嫁给父亲，60岁离开人世，在和父亲相依相伴的40年，最常见的事，除了吃饭，就是吃药。母亲每次吃药，父亲都会亲自拿出药，一片一片放在母亲手中，看着她把药咽下才会离开。父亲有时候工作忙了或者要出门，就会把这一天该吃的药单独包好，放在显眼的位置，而把其他的药都收起来。如果是中药，他都亲自来熬，实在没空，一定会嘱咐母亲好多遍：加多少水，熬多长时间，什么温度喝。

有一次，姐姐们说起这件事，都夸父亲细心、耐心。父亲淡淡地说："你娘识字不多，万一吃错了药，撇下你们七个该如何是好！"

这个习惯，父亲整整保持了40年，直到母亲再也没办法咽下药。

当年，父亲用一袋地瓜干做彩礼娶回了母亲。从最初的一间草屋起家，到三间瓦房，到五间，到十间，到七个子女都成家立业，两个人两双手，撑起了一片广阔的天。

在我的记忆里，父亲和母亲从未吵过架。母亲开朗直爽，脾气急躁，父亲则性子温和，稳重而沉默。很多时候，都是母亲不停唠叨：地该浇了，棉花要摘了，哪个孩子又不听话了……父亲一般点头"嗯""啊"，如果父亲着急了，母亲就闭口不言。在他们的耳濡目染下，七个孩子结婚后，没有一个因为吵了架而向他们诉苦的，即使怄了气、吵了架，也不敢回家，见到他们还要马上装作什么也没发生。父亲常说，一个人，如果连家务事都处理不好，就称不上是一个成功的人。

然而，母亲去世前，卧床不起的她开始对父亲骂骂咧咧，尤其在临终前的几天，只要父亲走近她，她就大声骂："你走，我不想看到你……我有儿有女，不要你这个老糊涂伺候……"甚至父亲的脚步声在隔壁响起，她都会大发脾气。而父亲总是默默地听着，在母亲的谩骂声中站一会儿，又在儿女们无奈的表情中讪讪地走开，但是一会儿他又会悄悄地走进来，静静地看着昏迷中的母亲，手里抓着一把蒲扇，扇也不是，不扇也不是。母亲稍一清醒，责骂又开始了……

姐姐们说，那是母亲不想给父亲留念想，怕他难过，故意气他，惹他生气。但是弥留之际的我糊涂的娘啊，四十年的恩爱，怎么会因一两句的责骂就减弱呢？

母亲比父亲小两岁，单纯而任性，父亲则大度而包容。如果他们之间还有一点小矛盾的话，就是关于种地了。

我们家人多、地多，母亲喜欢物尽其用，田间地头、地边地沿都不能闲着，有点空地就种上豆角、芝麻、南瓜……夏末秋初，这些瓜菜是餐桌上主要的美食。但是豆角和南瓜都是爬秧的，它们的蔓儿常会缠在棉花上，或者爬到一垄垄的玉米秆上，这样父亲在耘地和施肥的时候就会特别麻烦。一会儿绊住牛的脚了，一会儿缠住犁头了，父亲经常要停下来，扯这些藤蔓，耽误功夫不说，还有些得不偿失。父亲干活恼火了，就会连根拔下，母亲则乐此不疲地再去补种。一个拔，一个种，打了一辈子也没有胜负的官司……

母亲去世后第一年的农历七月十五，是民俗中上坟的日子。我们姐弟七个穿过一垄垄的棉花，走到母亲的坟前，惊呆了：围着母亲的坟，种着整整一圈的豆角，一条条藤蔓爬满了坟头，一朵朵粉红、微黄、淡紫色的豆角花像一对对蝴蝶在风中飞舞。

那个瞬间，我泪流满面。

这是我的父亲在用最朴素的方式来表达对过往的怀念，这是一个山东大汉对妻子最质朴的深情，这是一个沉默坚强的男人最温柔的爱意。

我见过很多花，娇媚的、素淡的、富贵的、高洁的……可是没有一种花美过母亲坟头的豆角花。多年来，那些花已化成一对对蝴蝶，一直在我的生命中翩翩起舞。

不负舒心

我叫舒心，这是我的真名。

我家姐弟七个，六女一男，我是排行第六的女儿。推敲我的名字，从修辞的角度讲，不外乎以下两种情况：运用反语，表达了命名者对处境的失望，暗含讥讽；运用虚写，表达了命名者对未来的设想，寄寓希望。

长大后的我发现是后者，而且越来越相信我的判断是正确的。因为命名者是我的父亲，善良、敦厚、有威望的老郭，一个十里八乡提起来都要竖大拇指的人。他对子女的爱是深深的、无私的，不论男女，甚至对我这个讨人嫌的六丫头，更多了一份怜爱和骄纵。我跟姐姐斗嘴吵不过，在门口的槐树下哭得睡着了，干活回家的他总会把我逗笑；他不苟言笑，一声咳嗽就能把姐姐们吓得赶紧起床，甚至弟弟都不敢偷懒，我敢；他喝醉了，大呼小叫要喝水，喊的孩子是"舒心"……

他供我读完高中，送我上了大学，看我结婚生子，等我子女初成……别人都叫我老六、六妮、六黏歪，他坚持叫我"舒心"，直到八年前他去世。

一年前的某天，腾讯QQ突然弹出八年前的某天我随手写下的一段话：

"曾经山一样的父亲，如今像孩子一样无助，陪着他心里很暖，也很酸。人都会老，都会沿着来时的路再走回生命的源头，这样生命才算画了一个完美的圆，可是父亲这最后的一笔，我真的不想让他画下。"

对话框的题名是"那年今日"。

读完顿时陷入回忆，一个人呆坐许久。有很多话想说，却始终不忍提笔写点什么。

那时的父亲罹患肺癌接近两年，由于是晚期，并且癌细胞长在动脉上，无法手术，只能是保守治疗。我放暑假了，接他来我家疗养。他当时病情时好时坏，每次一咳嗽，我心就揪了起来，不敢看他咳出来的血，不敢看他无助的眼神，不敢多跟他交流。考虑到他的年龄和承受能力，家人一直隐瞒他得病的实情，而明事理的父亲其实是心知肚明的。我不说破，他不道破，我们选择了互相隐瞒。于是很多时候，我们在客厅静静坐着：他看戏，我看他；他看我时，我看书。

2013年深秋，下着冷雨，再次入院治疗的父亲已经在医院住了45天。再一次大出血后，他身体已经难以支撑，每天也就是强行输一些营养药品维持生命。相熟的大夫劝我们出院，让老人能够在老家善终。姐姐们选择让我告诉父亲实情，然后劝他回家见见家里的院子，见见左邻右舍。这个残酷的任务必须由我承担，因为是我第一次带他检查身体检查出的肺癌，也是我带他去北京看的中医，还是我一直编着自以为他听不懂的医学术语骗他，更因为我是他最小的女儿，是他的舒心。

医院的门外，姐姐弟弟都在哭，我却笑着趴在父亲身边，说：

"老爹，你得的是晚期肺癌，无法手术，保守治疗坚持两年已经是奇迹，现在大夫建议咱们回家，咱回家呗？你潇洒了一辈子了，我们体面地回家吧？"

父亲看了我一眼，沉思许久，说了一句：

"好，我们打道回府！"

三天后父亲安详地闭上了双眼。

但是我内心的遗憾、留恋、伤感一直不曾闭合，未曾一日忘记当年父亲说的"打道回府"和我笑着说的一字一句。

去北京和天津看病时，有意识地和父亲照了很多合影。父亲去世后，这些合影我一直没有勇气摆出来，甚至十年了都不敢写一句回忆的内容。就连父亲节我都是回避的，不忍去看，不忍去想。

今日整理资料，当年留存的句子又弹了出来。我决定记下此日此刻的情绪，以此怀念父亲，也提醒自己好好生活，不负"舒心"！

"舒心"是在所有人对生为女孩的我失望后父亲坚持给我起的名字，是父亲连续生了6个女儿后依然乐观的态度，也是父亲对我的疼爱与祝福。

我一直是父亲的舒心，也一定会舒心下去。

茉莉香气

　　童年时最期待的劳动就是帮母亲去村口的供销社买茶叶，茶叶用一个漂亮的塑料袋子装着，刚刚识字的我总要大声读上面的字——"猴王牌茉莉花茶"，价钱好像是两块钱。两块钱在四十年前是什么概念，如今已模糊不清。只记得每次都能跟母亲多要两分钱，买个糖球儿或冰棍儿来吃。

　　母亲生养了七个儿女，可依旧是十里八乡最干净利索的。父亲忙着村里的大事小事，家中的里里外外全由母亲操持。七个最大相差为十三年的孩子、一群鸡鸭猪狗、十几亩远近不一的田地，缠得她极少有时间能坐下来。而一旦坐下来，母亲就喜欢用她的搪瓷缸子泡茶喝。捏一把茶叶，冲进滚烫的热水，随着热气升腾的是浓浓的香气。我贪婪地闻着茶香的味道，有时候会探过头看看搪瓷缸子里飘起来的小花，小小的，淡白的，散发着幽幽的清香。

　　为什么叫茉莉花茶呢？到底是花还是茶呢？这些傻傻的问题，忙碌的母亲是无暇回答我的。直到去年在苏州小住，街边小贩叫卖着新鲜的茉莉花，嫩绿的花蒂托着乳白的花苞，就那样堆积着，散发着熟悉的香气，我终于小心翼翼地问出了那个深藏多年的问题，也终于明白，茉莉花茶，是茉莉花和茶叶的合体，花的香气吸附了茶叶的苦涩，最终才有了茉莉花茶的醇厚与鲜爽。

而这时，母亲已经去世十八年了。

当年难得清闲坐下来喝茶的母亲，端起茶水来喝的那一刻，是她生活中的"茉莉花"吧？这有点奢侈的爱好，像茉莉花之于茶，中和了她的辛苦、劳累，也氤氲了我的年少时光。

现在想来，那些有母亲陪伴的童年、那些儿时无忧无虑的过往，何尝不是我生命中的一缕茉莉花香，时不时泛起，温润着我的岁月？

◆ ◆ ◇

诗意和烟火：我的语文课堂

写给老王的情书

本周五，是年级例行的研讨课，轮到我上。来听课的不止语文老师，还有教同一个班的其他学科的同事。上完课，大家或惊艳学生的训练有素，或感慨语文课堂的有趣，可谓宾主尽欢，顺利散场。

回到办公室，我们班的英语老师王敏说了一句话：

"你怎么那么像王平老师呢？连腔调都像！"

我怔了一下，笑着说：

"我和王平是异父异母的亲姐妹吧！"

我怎么那么像王平老师呢？这个故事有点长。

2010年秋季开学，我来到新组成的高三，担任文科实验班的语文教师。那是我工作调动的第4年，在一个新的工作环境里，我连续4年换了4个办公室，每年接触的同事都是陌生的，初来乍到的青涩、漂泊不定的忧郁、小有才气的骄傲都藏在心里，写在脸上的却是大大咧咧、毫不在乎。

那一年文理实验班合用一个大办公室，是用学校五楼的连廊临时改建的。理科实验班的6位老师刚刚创造了学校高考的辉煌，正是意气风发干劲十足的时候，文科实验班只有20名学生，在重理轻文的大背景下存在感明显不足。王平老师担任理科实验班的英语，那时的她在高三实验班已耕耘多年，工作热情依旧不减，我初来乍到，还带着新人的茫然。我们两个的办公桌隔着3米的走廊，一东一西，透过窗户，看到的是校园里完全不同的风景。

王平老师天天有使不完的劲儿，来得早，走得晚，课间一群群学生围着，她总是眉飞色舞地解答学生的问题，备课的资料写在一张张彩色的便利贴上，电脑上、办公桌上，贴得到处都是。那时我称呼她王老师，搭讪里带着陌生的客气，心中暗暗觉得这人有点爱心泛滥。而我，看起来有些懒散，班里只有20名学生，并且连续送了多年高三了，备课、批改作业自我感觉驾轻就熟，至于那么忙吗？所以很多时间我都是偷偷地用笔记本电脑看电影。那时王平对我的称呼是小郭。后来她告诉我，对我的第一印象是：这种人也能教实验班吗？

后来慢慢熟悉，源于课间一起打羽毛球。五楼的连廊很宽敞，屋顶也高，课间学生去跑操，我们有意识地活动活动。我和王平对打球默契，不是一拍让对手满地找球的战术，而是尽量使球不落地，多一些扬起脖子的舒适感，打过几次后，可以你来我往一百多下球不落地。你打高了，我压一下，你压低了，我抬一下，话不多，默契有了。

2011年高考，成绩不尽如人意，理科没能延续辉煌，文科没能创造奇迹。我们12名教师，一部分去了高一，一部分来到新的高三，这次我地位提高了，担任理科实验班的语文，和王平教一个班。

我能来教理科实验班，可能是由于我的课堂风格初显，在当年的高考中，语文成绩还说得过去。新组成的实验班，在学校最古旧的综合楼，有一种躲进小楼成一统的安静。经历了大起大落后，同事们反倒淡定了许多，那一年有很多个人在教学上的想法都可以使劲折腾。我带着学生写随笔、办报纸、开故事会，王平则领着学生看英文原著，听原声歌曲，看原声电影。语文课上看到的句子，王平会让学生翻译成英语；英语课上出现的好词，我则折腾着学生翻译成汉语。王平脾气好，我脾气急，在学生那里一个唱白脸一个唱黑脸，在另一位老师小沙那里，我们则统一口径一起打压。忘记了什么时候开始，我开始喊她老王，她开始叫我老郭。

有件事，刻骨铭心。2012年冬天，各种变故之下，我急需2万块钱。那一天，雪下得特别大，把孩子们送到建设街小学后，我在车里坐了很久，窗外大风呼啸，车顶上堆积了近10厘米的雪，我一遍遍给自己做着心理建设，鼓足了勇气，张嘴借钱。

老王恰好从车旁经过，见我在车里坐着，打趣我是不是在酝酿写诗。

我含糊说了一句："我有急用，能不能借我点钱？"

老王很痛快地说："好啊，多少？"

我说"两万"，又补加一句："王老师，不着急。"

老王说："中午放学我去银行取，下午给你。"

我连声道谢，说了句："我先去上课了啊。"

那节课上得有些稀里糊涂，张嘴借钱是很尴尬的事，何况我本就敏感。上完课，老王已经在楼道里等着，手里拎着一个袋子。她微笑着说："我看你好像挺着急，就马上回家拿了存折。"她的头发上落着雪花，鞋子踩湿了。

一向要强的我眼圈红了。

2012年的高考，我们大获全胜，山东省第一名、第二名都是我们班的，分数只差1分。

从那时起，我和老王成了高三实验班的常客，只是不再教一个班。按领导的说法，我们两个风格很像，在一个班发挥不了最大作用。有一次例外：2015年我们教一个班，当年小牛考了715分，是全省第三名。领导的话有时候不能全信。

2018年高考结束，年过五十的老王离开高三一线，去了高一。算起来，我和老王在一个办公室已经8年了，我习惯了有老王在身边。看书时，发现一个漂亮的句子，赶紧跑过去读给她听；上课时，有了意料之外的惊喜，下课后马上讲给她听。她本来是书香门第的小家碧玉，跟我在一起久了，沾染了梁山好汉的习气：我们一起去唱歌，一起去喝酒，她回家后整天"老郭、老郭"说给家人听。有一次家庭聚餐，王家大哥打量着我，说了好几句："我看着不老啊，怎么天天'老郭、老郭'叫呢？"

有时候我会想：在我三十几岁的时候，如果不是遇到老王，我会不会是今天的样子？我本来不喜欢当教师，阴差阳错入了行，凭着自己小聪明，算站住脚。但是在老王身上，我看到投入和热爱，看到纯粹和简单，看到理想和情怀，在我教学能力逐渐提升的同时，我渐渐改变当初的想法，那些愤世嫉俗、玩世不恭、怀才不遇，在与老王相处的年年岁岁中，消散了，释然了。

一个人遇到另外一个人，是一种缘分；一个人改变另外一个人，则是一种幸运。我很幸运，过去的八年，有老王在。

我经常会想老王，是想而不是想起。

一个人走路的时候，安静地读书的时候，听到熟悉旋律的时候，春花开、秋叶落、冬雪飞的时候……我一般不会告诉她，偶尔发个微信，她的回复则是："我也时常会想你。"所以一个人走路时，其实并不是一个人。

父亲的卑微

高中同学老韩是个极较真的人。30年前一起读书时，男女生之间很少交流，哪怕是一个小组的，轮到值日了，也要男生一次、女生一次。我和韩同是三组，他是组长，我是女生的领头羊。

事情过去30年了，我记忆犹新。某次，由于放假等其他因素，轮流值日一事有些糊涂了。他说轮到女生，我说轮到男生，我们争论不休，谁也难以拿出确凿的证据，于是，我们在黑板上展开了一场"复盘"。按照日历，一次一次勾画，你一笔，我一画，终于搞了个水落石出。到底该谁值日，如今早已忘得一干二净，当时在黑板前毫不退让，"斤斤计较"，深深烙在记忆中。

后来，各奔东西，上大学，找工作，结婚生子，都在不同的时空，同学之间似乎失去了交集。

直到有一天，接到一个陌生的电话，传来略显陌生的声音：

"我是韩某，还记得吧？"

"哦，你呀，当年为了值日寸步不让的组长？！嘿嘿！"

他找我，是他儿子要来我任教的高中读书了，电话那头的他很兴奋：孩子很优秀，希望能上重点班。我告诉他，还是根据孩子的成绩和意愿，重点班的进度快、节奏紧张，有些孩子未必适合。他表示，他儿子积极向上，肯定没问题。后来，孩子很争气，的确靠自己的实力进了重点班，老韩很高兴，专门带着孩子跟我见了一面，憧憬着到了高三能如何，考大学该去哪个城市。

后来事情的发展偏离了轨道。等老韩再联系我时，他的孩子正闹情绪，非要回家住几天。再后来，在家的时间越来越多。再后来，不想上学了，全天待在家中。

刚开始，老韩气急败坏，查找原因，没收手机，关闭网络……渐渐地，脾气小了，开始小心翼翼询问、请示，甚至祈求孩子能走出家门，哪怕是去打篮球。

每次给我打电话，都是避开孩子，探讨有没有什么良方能走进孩子的心里。他对孩子的要求逐渐降低，从清北到重点，从重点到本科，从本科到能正常上学也行啊。我能明显感觉到电话那头他的焦虑、无助、绝望。有一次，孩子表示可以返校，他兴奋地跟我谋划给儿子换个班，换个宿舍，该找找谁，该请请谁……但是晚上孩子反悔了，刚刚燃起的希望瞬间熄灭。

就这样有半年的时间，不时会接到他的电话，同学之间那种张嘴就提要求的话没了，跟我说话的语气变得客气，当年那个意气风发、凡事绝不退让的老韩不见了。有一次他告诉我，半年来，鬓角全白了。

春节后，新的学期开始了，或许是在家久了，还是觉得学校好，或许是春节期间亲情的感召和陪伴起了作用，孩子想上学了。当老韩把这个消息告诉我的时候，我还不确定，其实他也不敢确定。冷静了几天，跟孩子反复确认后，老韩终于带着孩子来办复学手续了。

他明显老了，挺拔的背有些驼了，刚剪过的头发遮不住鬓角的白色。他跟在孩子身后，见年级主任，见班主任，走到哪里都一直在说："谢谢了，添麻烦了。"提到怎么回宿舍收拾床褥，他建议该把被子晒晒，儿子看了他一眼，反驳道："你别管了。"老韩立马沉默了，眼神暗了下来，跟在儿子后面，不再表态。

看到他那一刻的卑微，有一种复杂的情绪涌上心头，我想起了纪伯伦的诗《你的孩子并不是你的》：

你的孩子

其实并不是你的孩子

他是生命对自身的渴望而生的子女

他借你而来，却非因你而来

他与你在一起，却不属于你

你可以给他以爱，却不能给他以思想

因为他有自己的思想

…………

你可以拼尽全力变得像他一样

却无法让他变得像你一样

因为生命不会倒退

不会停留在过去

你是弓，孩子是从你那里射出的箭

又想起作家麦家在《朗读者》节目中讲到的跟青春期的儿子相处的故事，他说："青春期来了，就是鬼敲门。"在儿子叛逆期时，麦家低下了高傲的头，选择了隐忍与陪伴。同时麦家在感叹，其实自己是在还债："我当年就是一个叛逆的人，我孩子遗传了我不好的基因。"说起自己和父亲，麦家甚至清楚地记得，自己是从14岁零8个月开始，连续17年，没有和父亲说过话，原因就是对父亲不理解，而他之所以愿意陪伴与理解儿子，就是不愿意再重复之前父与子的矛盾。

很少能有人像汪曾祺先生所写的那样："多年父子成兄弟"，相反，儿子好像是父亲前世的仇人，父与子之间是一场持久战。当中年的父亲遇上青春期的儿子，这个难题的破解需要让步，最终做出让步的往往是父亲。

当有一天父亲变得卑微，其实是心中的爱胜过了一切。而今天趾高气扬、浑身是刺的儿子，有一天，你也会成为父亲。

这或许就是生命的轮回，我们都身处其中。

第六编

桃李满园

毫不夸张地说，我的高三 20 年，真是桃李满天下了。

由于连续十几年担任重点班的教学，每年都有一批学生进入清华、北大、港大等名校。

2018 年我去北京学习，仅 2014 届在清华、北大等名校读书的学生就集齐了 10 人小聚，那一刻的感受是"我骄傲"！

提到高三，我以为他们回忆起的会是压力、紧张、考试、熬夜、刷题……但是他们谈起最多的竟然是在紧张的备考中我带着他们坚持写的随笔。

每个月都要写，有主题，有批阅，有展评……给自己写一封信，给岁月留一首诗，在春风中吟唱，在飞雪中纵歌……

备受考试"摧残"的心灵少了一些沉重，多了点滴温柔。给他们的青春也给我自己留下难忘的痕迹。

谢谢你，2011

张 敏

  不知不觉，2011就这么快过去了。闭眼回想，这一年，人生被分成了两个节点。前半年，高三的痛苦、数不尽的考试、周考、月考……经历了一练、二练的正常发挥，经历了不靠谱的三练的全线崩溃。有过很辉煌的时候，也曾周测在二十个人的成绩单上徘徊于中游。那半年，再也没有一次考试让我欣喜，即使考得很好。总觉得，那又怎样呢？又能说明什么？又能预示高考的什么？倒有几次，边哭边演算数学题，寂静的教室、深邃的天空，我默默地流泪。那时候的我真到了崩溃的边缘，看不到远方，或者说，对于那时的我而言，根本就没有远方……

  又一次周测后，周一的早读，郭老师把我叫出去，关上走廊里迎风的窗户，我们谈了一个小时。她没有具体讲试卷问题，就是平常聊家常。她说，在她小的时候，她妈妈在蒸馒头的时候常对她说："可以蒸不好馒头，但做人，要争一口气！"她讲她小时候学习、生活的故事，讲高考前自己傻乎乎窜胡同玩……她的话语很随意，眼神很亲切，完全不是上课时激情的风格，倒像是一位朋友聊着无关的往事。我所有的防线被彻底击垮，第一次，在老师面前流下了泪。真的，就是在大拓那么近乎苛刻的要求下，我也从未掉过一滴泪……

我还记得，在几周都没放假的疲惫下，我又在一次测试中败了，我收拾好书包，头也不回地冲出教室。我能听到初春依旧有些呼啸的风在耳边划过的声音。没有请假，下午没去上课，我躺在床上，再也不想走进那间教室，再也不想面对那些书本、试卷……

晚上，大拓打来电话，狠狠地批评我，话语很冲，足足有十分钟吧。我现在还记得他最后一句话："你自己看着办！"而后，他挂掉电话。我这头，只剩一阵阵间断的忙音……

我觉得那半年我好像失去了所有，说不出的叛逆、说不出的委屈、说不出的压力，结结实实地包围着我。我甚至扒不出一个孔，喘口气。好可惜，密密的时间安排不允许我放纵，心情的糟糕让我低落到极点。对着镜子，我问自己：这还是我吗？还是那个有很多梦想，笑得那么灿烂，觉得全世界都为自己让路的那个我吗？远在北京的初中同学一次次地发短信，满满的鼓励，让我往前看，想想半年后。可是，我对他说：前方又会是什么呢？我是一只船，彻底失去了航向。一路触礁，一路风浪，我就是一张破帆，实在经不起折腾了，累了。

但日子还是要过的，大拓让我自己看着办，我还非得办给他看。在临近高考的最后一个半月，我状态有所好转。就是彻底放开了，什么也不再想。叼着一袋奶，我可以在教室里无所顾忌地背单词，读课文；一天不知去十几趟办公室，找各科老师问问题；偶尔还会趴在阳台，眺望远方，顺便也把六月眺望。风撩起我的头发，像一曲《蓝色多瑙河》飘飘荡荡，大拓的眼神渐渐温和了，我觉得自己总算进入正轨了。

而这时，高考也来到了。

妈妈来陪考。看着同学们一张张或紧张或因激动而兴奋的面孔，我异常平静。因为，高考于我而言不再神秘。又经过一年的打磨，我觉得什么样的结果我都能接受。我只想，快点结束吧，我想为自己放一段时间的假。记忆最深的是那篇高考作文，题目是"这世界需要你"，我写起来一气呵成。我被自己感动了，在高考的考场上，眼睛湿润了。

诗意和烟火：我的语文课堂

考完了，走出考场的一刹那，我抬头，阳光很足……耳边忽然响起同学说的："咱北京见。"那时虽然不知成绩，但隐约感觉：天亮了！

这就是我的 2011 上半年。足够苦，足够累，但是，好在足够坚持。一路走来，我要感谢的人很多，但是，最想对自己说声："好样的！"

我就这样来到了北京。一个被我渐渐遗忘的梦想终于成了真，一些让我觉得不再有可能的事和人纷纷呈现在我面前，给我惊喜，让我感动。北航，虽不是自己最初的理想，但是我还是要说：很幸福！我记得来到这里的第一天，四处闲逛，忽然意识到："这是我自己用汗水和泪水获得的。"呼吸雨后湿润润的空气，飘着花香，身旁有三三两两的同学谈笑走过，我闭上眼，那一瞬间，觉得自己很富有、很知足……

在北航的日子，很累很忙，远没有大家想象得轻松，天天奔波在："教室—宿舍—食堂"之间。我向同学抱怨：我会不会与世隔绝，然后越来越傻？如果真的这样，我想，这也是我心甘情愿的选择。我爱我的专业，爱我身边的每一个人，爱我曾经的构想，爱拥有的所有所有……

依旧会在晚 11 点时自习后回寝室，但心里是快乐的。没有了高中的沉重，我终于是我自己的了！终于有时间了，可以阅读一部自己喜欢的书；可以累了去湖边走走；可以靠在一棵树的旁边，假想如果我是一棵树；可以看一部自己喜欢的电影；可以周末去看看自己的老友、亲人；可以自己做一天喜欢的高数，不用安排进度；可以饶有兴趣地听学者、教授上课；可以与经典对话，穿越古今游历希腊雅典，看秦时明月……我知道，所有的可以都是时间的积淀，是努力的收获。

我珍惜现在的一切，从未想过有多么辉煌，只愿足够真诚，足够独立，足够坚强。只愿用自己的努力闯出一片天，获得一段安宁的日子。

也许在很多人看来，获得这些已足够了，足以成为好多人的榜样。但是，我想说：人越往上走，就越发现自己的不足，知道自己要恶补的还有很多。我不想成为任何人的谈资。"我只是我自己，追逐我的幸福！"多年前鲁迅《伤逝》中子君的呐喊，我尤为欣赏。

在2011年的末尾，再次谢谢爱我的每个人。在我的人生像一场噩梦的旅程时，陪我挣脱，勇敢地去醒来，当我的护卫，在我想不通或绝望到躲开时，你们用不同的方式告诉我：要坚强，负责任。我喜欢让心摆脱夜的黑，往蓝天上飞，被阳光包围。为了这一天，我忍住了漫长的泪。

最后，我想说，只要一个人有方向，全世界都会为他（她）让路。我相信自己的脚步就像天空，尽管生在北方的田野，也要有大海的喧响。要做一名东奔西走充满自信的探险家啊，永远不停留在生活的坐标上……

所以，2012继续前行！

（张敏，2011年考入北京航空航天大学外国语学院德语系，2013年赴德国斯图加特大学交流学习。现就职于中央网信办）

爷 爷

于 川

　　记忆中的爷爷，总是严肃得近乎古板。每次跟他下棋，我总会输得一塌糊涂，奶奶让爷爷让着我点，爷爷总是笑着不说话，下一局依旧把我杀得落花流水。爷爷总爱跟我们晚辈讲一些道理，做人的、处事的，由于年岁久远，大多已经忘却，只有这一句还印在脑海里："年轻人，就是要干出点什么事来。"

　　爷爷年轻时是德州地区电影公司放映员。那时，他十七八岁，初中毕业，算比较有文化了。爷爷依仗年轻，每年有三百天以上在外地奔波，每一个偏僻的山村都留下了爷爷的足迹，每一寸乡间的土地都见证了爷爷的辛劳。每当爷爷摆好机器，挂好幕布，人们沉醉在电影中时，爷爷脸上总是浮现起笑容。这也是爷爷唯一的休息时间，因为这一场电影结束后，爷爷又要马不停蹄赶赴下一个村庄，一年又一年，风雨无阻。就是休假的时候，他也不忘钻研业务。爷爷研究出保养维修机器的方法以及提高放映效率的方法，甚至都惊动了中央领导。20岁的爷爷，风华正茂的爷爷，被授予"全国劳动模范"的称号。英雄出少年啊！

　　爷爷每每回忆起他年轻的时候，总有抑制不住的骄傲。末了不忘加一句："年轻人，就是要干出点什么事来。"奶奶在一旁数落他："羞不羞，好汉老提当年勇。"我知道，爷爷是有资本骄傲的，他也想让我们这些晚辈趁着年轻，努力做出一番事业。

天有不测风云。我上小学时，爷爷得了脑血栓。后遗症很严重，爷爷再也不能正常走路，祸不单行，不久又患上糖尿病。爷爷一下子萎靡很多，每天躺在床上，哪儿也不去。有时候去看他，他在看报纸，但眼神好长时间盯着一个地方。我知道，他在回忆他年轻时那些激情洋溢的岁月。

乐观而坚强的爷爷并没有消沉太久。天好的时候，他在别人的搀扶下坐在院子里晒太阳。慢慢地，开始推着小车练习走路。刚开始，短短5米路程，爷爷就要走10分钟，也许同他年轻时走过的千万里路相比，这几米太过渺小，可谁又能说这没有意义呢？爷爷坚持练习走路，慢慢地，他能拄着拐杖向前一步步挪了；慢慢地，他能扶着扶手爬楼梯了……爷爷的脸上又有了久违的笑容。

老天爷还是给爷爷开了一个残酷的玩笑。一次，爷爷想要转身拿一个东西，腿脚不利索，加上地有些滑，爷爷摔倒了。这一跤，让他足足住了四个月的院。我不知道这四个月里爷爷在想些什么，可有一次，我看到他拿着在天安门前被毛主席接见时的照片，眼里流出了浑浊的泪水。

出院后，爷爷还是在床上休养。家人为他买了轮椅，可他直到轮椅蒙上厚厚的灰尘也执意不肯坐上去。也许他认为一旦坐上去，就真的再也站不起来了。偶然的机会，我发现了一本泛黄的册子，很多字已模糊不清，那是爷爷年轻时的工作手册。在日记本的最后一页，有一行歪歪扭扭但很清晰的字："人老了，也要干出点什么事。"我知道，爷爷的"什么事"就是要站起来走路。

由于学习越来越紧张，我去爷爷家的次数渐渐少了。可是每次去看爷爷，总能看到他在练习走路。一步一步，走得那么专注、那么执着。他仿佛又回到了那个风华正茂的年纪，在努力地做出点什么事。

也许爷爷永远不会再像年轻时那样健步如飞，可现在的爷爷依旧是我的偶像。

人无论年轻还是老了，都要做出点什么事。我会永远记住爷爷的话。

（于川，2012年考入清华大学。后于美国斯坦福大学攻读博士）

爷

爷

老师的年终奖

温丛爽

沙老师很辛苦。这是英语老师说的。每天早上六点多准时来"把门儿"，逮迟到的，即使有一次输液到半夜四点多也没有迟到。而且，听说他数学学案都是自己做的，有的题甚至是原创。我们每天做一张学案，他就每天出一张学案，还要批改42张学案。

沙老师读的书比我多，这是我想的，因为他说话写字都漂亮。对于一名理科生，不爱读书很正常。沙老师是教数学的，他年轻，而且是教实验班的，能有时间读书，在我看来就有些不正常。

"年轻老师很辛苦。"英语老师常这么说，"他们有妻子、孩子、长辈和刚刚起飞的事业，把这一切都稳定下来，至少需要十年。"

那是二十几岁时的十年，那是人生中最有梦想、最浪漫、心气儿最高、也是最有资本的十年，就这样在枯燥中打磨，在辛劳与风霜中修去棱角，在日复一日的奉献中一点点变老。

同学们怕沙老师。我是不怕的，我在全班与沙老师性格最格格不入、摩擦最多、思想重叠最少，甚至被我妈说："你的高三充满了你与沙老师的斗争。"我敬重敬业和勤奋的人，尽管努力不一定有好结果。我只是怨恨，老师们天天唠叨，"奋进""努力"，以及"创造辉煌"

"实现梦想"，因为这些还不是我的梦想。

可是，这一切都是为了我们，为了一届又一届懵懵懂懂、忙忙碌碌的学生。我们为了自己，只要辛苦三年；他们为了别人，要漫漫辛苦一辈子啊！

英语老师还说，实验班老师是最没有归属感的。有个年轻老师，为了年终奖的事，到年级里去问，结果被一群老师以"你们只教一个班还拿那么多"之类的话炮轰一通，铩羽而归了。

实验班的老师，要多受多少累呢？我想我们是学校的精锐部队，带着最高使命，破釜沉舟，孤军奋战，跟老师一起。尽管有无数俗事缠身，但是我们还有一个共同的使命在肩啊！

"有一事情是不能想的，想想就委屈。"是的，有的使命是不能去想的，想了，就做不成，就不能做了。

想起语文老师背的一首诗：

> 丁香体柔弱，乱结枝犹垫。
>
> 细叶带浮毛，疏共披素艳。
>
> 深栽小斋后，庶使幽人占。
>
> 晚随兰麝中，休怀粉身念。

听到最后一句，我哭了。我不知道什么时候哭起来的。我们还是都去做柔弱的丁香，为了将来散发的芬芳，不去想被磨制得粉身碎骨。

我忽然想到使命，想到自己。一年又一年，老师仍然带着无数学生走上战场。我呢？仍在长大、变老。

一年又一年，他们都习惯了发不到手的年终奖，耗尽十年青春，耗尽一生光阴。

然而我呢？我要改变这一切，如果我不能救救孩子们，我便枉做了十几年的孩子，如果我不能救救漩涡中挣扎的老师们，我就枉在老师那里学习了十几年！可我知道，我能做得太少，也许真到我长到那个德才兼备的年纪，也能"休怀粉身念"地放手去做，真正给老师们发年终奖，每一位老师发一个实实在在的大奖。

但更可能的是，那一天永远无法到来。我只能悄悄地给所有的老师们，在心中，发一份小小的奖。

（温丛爽，2012年考入清华大学建筑学院。现就职于北京）

◆
◆
◇

诗意和烟火：我的语文课堂

逆风，自行车

方 悦

我的思绪，常常回想起逆风中妈妈的那辆自行车。

我讨厌冬日的北风，让妈妈蹬车的背影显得那样疲惫、沧桑。

我的小学离妈妈上班的单位不远，于是妈妈的自行车成了我上学最重要的交通工具。那时候，出门后的第一件事是望一望西边的晾水塔。看那萦萦的"白雾"飘向何方。若是北，自然心情欢畅；若是南，只好暗自叹息。随后，轻盈地跳上自行车的后座，我和妈妈开始了一天的征途。在那北风呼啸的日子里，妈妈留给我的是那向前佝偻的背影，是那与冬日的寒气不相合的额上的汗珠，是那到达目的地后呼哧呼哧喘气的身影。上学时间格外紧，妈妈蹬得就格外费力。也许寒风凛冽，也许北风呜咽，也许冬风刺骨，但缩在妈妈身后的我感到的永远只是妈妈的温暖，是妈妈身上散发的丝丝热气。不知道妈妈为我挡去了多少寒风，更不知道在将晾水塔的白雾吹得那样偏南的北风中，妈妈究竟有多辛苦，更不知道妈妈是靠着什么支撑一路蹬到学校。

我悔恨自己简单任性，让妈妈在逆风中蹬车上坡。记得那是一个星期六，我犯了邪，非要去市里找朋友玩，妈妈拗不过我，只好骑自行车将我送去。那天逆风特别大，我的印象格外深。在上那大陡坡时，我明显感觉到车速一点点、一点点慢下来。最终妈妈跳下车子，略带歉意地对我说："走上去吧。"那一刻，我哭了，悔恨的泪水和着寒风，刺痛了脸颊，刺痛心扉。从那之后，我不再要求妈妈骑车带我去远方。

我记得那个早上，逆风中我们全力前行，接受风的洗礼。那是初三的一个早上，我从床上爬起，不愿加入爸妈蹬车出游的行列。我曾因风向不尽如人意而低咒，曾幼稚地和妈妈比谁先到达拐角处，有一段路走错了只能狼狈推着自行车走过泥泞。更忘不了顺着河水逆风起飞的欢乐，忘不了高呼"我要高飞"的恣情恣性……感谢爸妈坚持将我拉起，让我收获了足够一生去回味的温馨与快乐。

我明白了，逆风，才是自行车最好的伴侣。搬到了学校附近，妈妈有时骑自行车来学校接我，我便总抢过车把，带妈妈回家。逆风的时候并不少见，确实吃力，双腿酸痛。有时寒风凛冽，我想停下车歇歇，但转念想到会令妈妈心疼，就咬咬牙，坚持到了家。渐渐地，明白了那样的力量来自何方：是因为我们爱的人在我们的背后，若我们坚强前进，便多少可为他们遮风挡雨，因此我们勇往直前；是因为我们爱的人默默看着我们的背影，那样温暖的注视，给了我们永不止步的动力与理由；是因为我们爱的人坐在我们身后，我们便执着地想用自己的力量，将他们送到最美的远方。逆风，让自行车与爱一同飞翔。

我不会总是留恋昔日的琐事，因为我知道，未来还有更多的爱与幸福，我们的世界洒满阳光。

（方悦，2013 年考入北京大学经济学系。现于美国伯克利大学攻读博士学位）

土黄色的你

刘敬哲

　　我刚端起碗筷，妈妈马上惯例开始询问我今天学校里又发生了什么有趣的事。我早已烦透这毫无新意的话题，一边敷衍，一边在桌上饭菜之间来回寻觅。父亲一如既往只顾喝酒，不时拿起筷子，挑拣一番，夹走一块猪头肉。我从不认为妈妈会就此罢休，可今天似乎有些反常，短暂平静之后，妈妈神秘兮兮地凑过来，悄悄地问："儿子，你们班有没有女生给你写小纸条？"我心头一惊，刚想反驳，爸爸却开口："不该问的别问，心里清楚就行了。吃你的饭！"

　　爸爸绝对是个寡言的人。每逢饭局，满桌亲友你一句我一句拉家常时，那个一手摩挲着酒杯、一手叠放在胸前，默默倾听却一言不发的人，一定是我爸爸。为此，妈妈每次吃完饭回家，都会责怪爸爸上不了台面，爸爸总会从他紧闭的嘴角挤出一丝笑，然后回答："吃饭就吃饭，说那么多干嘛？"妈妈满脸无奈，不再说什么，爸爸仍旧保持着似乎是与生俱来的沉默。

　　我一直认为爸爸就像那黄土，一言不发，却坚守本分。黄土是最实在的东西，你种什么，它就长什么，给人以满满的厚重感，让人从心底觉得踏实。

妈妈常这样形容爸爸："你爸就是个干活不要命的人，忒实在。"的确，父亲经常带伤回家。有一次，爸爸带伤到家，额头上鲜红的血印突兀在土黄色的脸庞上，妈妈吓得猛地从沙发上蹦起来，急切上前，伸出双手摸着爸爸的额头，焦急地问："这怎么弄的？"爸爸好像被关心的孩子，支支吾吾："没事，让管子碰了一下。"然后缓缓拿开妈妈的手，走到厨房去了。

爸爸最不善于用语言表达自己，因而我几乎从未体会到爸爸嘴边的父爱，可这爱着实存在，就似那黄土，其貌不扬，却无比厚实。每次我外出培训回家，父母去车站接我，爸爸总是提着箱子，一声不吭走在后面，我和妈妈空着手走在前面，饶有兴趣地谈论外出的见闻。每天早上，爸爸起床后第一件事就是给我剥核桃，咔嚓咔嚓。爸爸会把剥好的核桃仁送到餐厅，一把拍醒还处在睡梦状态的我，说："高三了，多吃些核桃，补脑子的。"爸爸从不舍得给自己花一分钱，但一提到给我买食物补营养，就绝不含糊。

我土黄色的爸爸哟，你宽大的臂膀带给我黄土般的厚重，你惜言如金的嘴传递着黄土般的深沉，我想没有哪种颜色比土黄色更能体现你对于我的非凡意义。

去年11月，爷爷在与病痛抗争3年后去世了。就在他去世的前一天，我回家看望爷爷，爷爷吵着非要爸爸买降血糖的药。妈妈劝爷爷说，医生没有确认过，不能乱吃药，可爷爷说自己难受，坚持自己得的就是糖尿病。爸爸孝顺，不愿看爷爷受罪，当即出门买了4盒爷爷要的药。当天晚上，爷爷服药，身体本就虚弱的他由于血糖过低而陷入昏迷状态，家人不知情，直到第二天早上才发现，赶紧把爷爷送到医院，可为时已晚。当时我在学校，回家发现妈妈神色憔悴，询问后得知爷爷已经不在了。出殡那天，我随吊唁的人从学校回到老家，进屋看到父亲身着孝服，两眼直勾勾盯着灵位，看到我来了，微微一瞥，捎带一句："你来了。"我轻轻问爸爸："爸，你没事吧？"爸爸转过脸，我清楚地看到他土黄色的面孔上两只眼睛布满鲜红的血丝，额头上清晰的皱纹加深了。他回答："没事。"事后妈妈说爸爸一夜未合眼，只是呆呆望着爷爷的灵位和那黑洞洞的小盒子，他还未在人前落一滴泪。

那一刻，我深切地感受到爸爸心底强大的、黄土地似的力量。他不在我与妈妈面前落泪，可又有谁知当夜深人静，世界沉浸在深蓝色的静默之中，爸爸不曾黯然打开尘封记忆的箱箧，独自含泪呢？我知道，爸爸承担的是一个家庭的未来，他希望成为我和妈妈心中的那片黄土地，在极度的悲伤与撕心裂肺的痛苦之后，用坚强的外表驱散阴霾。我们站上那片黄土地，体味到的是心灵的依靠。

那一刻，我更加深切地理解到土黄色对爸爸的意义，以及爸爸对我的意义。土黄色象征了刻入灵魂的老实和本分、坚强和深沉、厚重和踏实，仿佛经过时光的淘洗，在嘈杂的社会中静享一份别样的安心与慰藉。

我土黄色的爸爸……

（刘敬哲，2014年考入南京大学。现于清华大学攻读博士）

土黄色的你

蓝色指甲油

张心怡

虽然有点不好意思，但我还是要告诉你。有个念头曾生长在我内心的角落，几乎在我整个初中时代蠢蠢欲动——我想做个"坏孩子"。

这个念头一度压过我心中所有关乎未来的设想，比如考个好高中，比如上个好大学，比如做个文字工作者。我近乎痴迷地羡慕班里那些通常被认为是"坏孩子"的女生。她们亮晶晶的耳饰、抽屉里的粉饼、五彩缤纷的指甲……在我那时的眼中，都具有不同的、特殊的意义，仿佛这些东西就是走进她们那个自由叛逆的世界的媒介，那个不同于我所生活的、未知的世界。

但是我只能想想而已。我是班长，在学校里担任"一官半职"，如果真的不管不顾，就意味着失去现在的一切——老师的关注、学校的表彰、同学的敬佩……以及所有我拼命努力得到并且极其看重的东西。所以我只能一次次将那个念头狠狠压下去，然后向这个世界高调地宣布那不是我想要的生活。

然而，很快，我找到一个"两全其美"的方法，既能彰显我所谓的与众不同，又不至于引来老师的批评。所以这三年中，一方面我是老师前的"红人"，同学中的"老大"，学校里的"双十佳"，游刃于各种演讲、发言；另一方面，我爆粗口，穿男装，翻墙进学校，掀翻同学桌子，鞋带永远不是同一种颜色，还条条带着骷髅。我就像一条在深海的大潜流旁游动的鱼，陶醉于自己偶尔越界的惊险与刺激，又因不会被卷入而洋洋得意。

所以当我逛商店看到它时，我就知道我必须得买下来了。我最喜欢的颜色是蓝色，而那瓶指甲油，就安静地藏在一片光怪陆离的色彩中，散发着迷人的光泽。我鬼使神差地向它伸出手，心怦怦直跳，脑海里闪过女孩们色彩斑斓的指甲，闪过同学们又惊又畏的眼睛。蓝色的指甲对我来说，不仅意味着个性与独特，更是一种力量，是向全世界证明我不是一名普通优等生的有力依据。

当然，我不敢涂着去上学。但在那一年的寒假，生平第一次，我为自己涂上了指甲油——怀着一种极端神圣与谨慎的情感。我小心翼翼打开它，轻轻抽出蘸满了梦幻般蓝色的小刷子。就好像一小片天空掉在指尖，每一笔涂抹，似乎都在昭示着什么，而这背后的意义在让我兴奋的同时，还有一种当时的我无法理解的、难言的怅然。

整个寒假，指尖上的深蓝让我如愿以偿地获得了同学好友惊讶的眼神。但是，每当我见到更多的人，经历更多的事，心头的怅然就会深几分。开学前和朋友去买书包，付款时老板娘盯着我的手问："你们是高中生？"我心中那浮浅无知的骄傲因这句话而得到极大满足。我扬起下巴："不，我上初二。"

回家的路上，起雾了。冬季寒冷的暮色中，我心中的喜悦仿佛消失在轻雾里。而那片怅惘的、迷茫的、我一直刻意忽略的云翳，悄然聚起。我盯着放在车把上的双手，指头都藏在厚厚的手套下面。我看不到它们，但那蓝色依然刺痛了我。

我得到了什么又失去？我失去了什么又拾起？在这个万物终结的季节，我心里又孕育着什么？又想做何种突变？这一切是否真的有意义，能给我以最终的美丽？

很可惜，那时候的我除了问题什么都没有。这份怅惘随着开学指甲上颜色的除去而渐渐被淡忘。蓝色的、小瓶的天空被我放进抽屉，偶尔拿出把玩，也只是隔着精致的玻璃瓶子摩挲，就像轻抚过曾经的悸动和渴望，轻抚过年少轻狂。

就算是现在的我，回忆起初中的时光也会有片刻恍然，仿佛正隔着很浓的雾气，重读一个熟悉又陌生的故事。那真的是我吗？一个无知的、张狂的、愚蠢的我？一个与现在截然不同的我？抑或是现在的我背离了当年？我还是只有问题。

青春本来就是个无法解释的大麻烦，但每个人都该有这样一段疯狂又单纯的日子。改变不是否认过去的自己，而只是向着一个更成熟、更优秀的自己前进。我永远都是我，我喜欢每一个成长中鲜明的自己。无论是那个冬天在滑雪服里面穿半袖T恤衫的我，还是现在这个暮秋时节就忙不迭缠紧围巾的我。

其实在那之后，我陆续买过几瓶指甲油。但是留到现在的，只有那瓶蓝色指甲油。岁月的沉淀，使那迷人的、天空般的颜色早已干涸，就好像时间在这个小瓶子中静止，一切都风化了。它收容了我一段逝水如斯的轻狂年华，一份由无数愚蠢构成的、我再也回不去的美好。

（张心怡，2014年考入国际关系学院，毕业后赴法国交流学习。现就职于新华社）

小城味道

张心阳

我很小时就不无悲哀地意识到，这个我将倾尽一生去感受它的脉搏的城市不过是个三线小城，没有灯红酒绿的夜生活，没有风云变幻的国际舞台，甚至没有几家像样的电影院。我感到失望，仿佛失掉了人生很多精彩的可能。不止一次，我这样幻想：如果我出生在北京、上海，现在该是一个什么样的光景。

然而，当我渐渐长大，当我熟悉这里的每一条街道就像熟悉自己的掌纹，我对这座城竟悄然生出难以割舍的依赖。我不知道是什么化作一条条从或长或短的街巷伸出的细线，将我与这座城紧紧相连。是街头巷尾随处可见的槐树结下的清香的槐米，还是寒冬腊月馒头房蒸出一笼笼热气腾腾的枣糕？那一缕缕让我魂牵梦萦的味道，仿佛一双双无形的大手，温柔而坚决地把我的心挽留在这方我唤作"故乡"的土地上。

北方人素喜面食，早餐吃烧饼的习俗源远流长，只怕追溯到武大郎那会儿也难寻伊始。而以山东人一向的热情大方，火烧的个头自然要在北方各省名列前茅。说有个巴掌大、两指厚那绝非夸张，近年来虽小有缩水但仍保持遥遥领先。更难能可贵的是，在追求分量的同时，其味道毫不逊色，白嘴就咸菜，让人爱不释手。

而在这其中，又以老李家的螺丝转儿火烧为最优。我国几千年来都习惯把烧饼做成表面光滑的圆饼状，仿佛这样厚实的形状单看着也让人有饱腹感。可这老李偏要另辟蹊径，把烧饼盘得像蜗牛壳，或者说，像螺丝上转圈的螺纹。别说，这样的火烧烙出来上层酥脆下层绵软表层香甜内层筋道，口感独特自成一家。别家的火烧吃起来就像在平旷无垠的旷野上漫步，再美的景色也一览无余，让人没有走下去的冲动，因为你知道再走二里地风景也是大同小异；而老李家的螺丝转儿火烧吃起来却如在崎岖的山路上探险，时而平缓时而曲折，每处都有吸引你的不同景致。大家都说好，这李记螺丝转儿火烧的好味道就在州城传开了，以至于远在广州的小姨每次回家后准备回广州时，宁可多带一个包也要装满满一背包火烧，留着到广州就着明月一起吃下。

我小的时候痴迷于螺丝转儿火烧最上层转出的那一层又香又脆味道独特的硬皮，每次妈妈买了火烧回来，我总要趁她去厨房做汤的工夫，把那层"螺纹"扒下来吃了，只留一个白白的底盘在桌子上，就像偷吃了每块西瓜的尖一样，心里又兴奋又忐忑。等妈妈问起，装着不知道的样子把偷吃的责任推向老爸、花猫、茶杯、沙发，半是耍赖半是撒娇，身子像一条糖黏在妈妈的怀里不出来，搞得心知肚明的妈妈又好气又好笑，每每任我"得手"而不加以制止。

后来，卖火烧的老李为了生计改行卖了饼干，我渐渐长大了，长到了一个不被允许私自偷吃食物最好部分的年纪，螺丝转儿火烧和我的童年一起被时间老人长袍带起的风吹到时光的角落里。再回想起来，我所痴迷的螺丝转儿火烧的味道，原来是那一份童年的美好，是那一份被人宠爱的自豪，是那一份小家的温馨与依恋。而让小姨魂牵梦萦的，也正是火烧里那份故乡的味道——只有尝到那个味道，才能让漂泊已久的她回想起自己还是什么人最受宠爱的小女儿。

姥姥家的茶几上放着两袋栗子；一袋是小姨从广州捎回来的据称"营养丰富"的健康栗，一袋是本地货。尽管姥姥不断劝说我们尝尝大城市的"高级产品"，但她和我们一样，都不住地将手伸向那袋德州出品的小高栗子。

多少年了，小高已变成老高，商店从街角小店搬到了另一条街，外墙从红色改漆成黄色又漆回红色，可那条从店门口蜿蜒出来的排队长龙丝毫没有缩短，只是曾经在队伍中穿梭嬉闹的小孩子现在成了神色平和的成年人，队伍里又有了一群新的小孩子嬉闹穿梭。一代又一代人被小高栗子的味道吸引，甘愿在队伍里耗去漫长的时光。

贵，是小高的一大特点，而味道好是小高的又一大特点。小时候，家里还没宽裕到能常备这种"奢侈品"的地步，别家买的栗子又无法取代它，因此，只能在每次回家看奶奶时买上一袋，还要听妈妈抱怨一路它昂贵的价格。然而于我，那一天却像是期盼已久的盛大节日。仿佛吸引我去奶奶家的，不是看望爷爷奶奶，而是能窝在奶奶家的沙发里，大吃特吃小高栗子，让那绵长醇香的味道，在唇齿间久久回荡。

后来，家里条件一天天好了起来，小高栗子出现在家里的次数渐渐增多。我可以手握一张信用卡，故作从容地走进小高的店门，不紧不慢地挑选着自己中意的零食——不仅仅买栗子，也买别的自己渴望已久却一直舍不得买的零食，满不在乎地刷卡，潇洒地签上老爸的大名，而不是凄惶地在外面排长队，用细小的、自己都听不清楚的声音要上一点几乎都称不出来的栗子，红着脸仓皇逃离。

生活已变，我亦已长大。但小高还是那个小高——可它又不再是我小时候吃到的小高栗子的味道。小时候吃那栗子总是又贪心又小心，想一口吃完，又舍不得吃完，那味道仿佛已散尽，却又时时萦绕在唇齿之间，但也是小心翼翼。如今我可以把自己舒舒服服地扔在沙发里，拈起一枚栗子细细咀嚼，连栗子从口腔滑落时也多了几分从容。然而我并无意比较二者孰优孰劣，也并不是说贫穷时的栗子更香甜，富贵时的栗子更过瘾。小高还是小高，只是我透过氤氲的栗色雾气，看到了我和我的家在这座城市踏过的足迹。那足迹或许饱盛欢笑，或许满含酸辛，或许模糊，或许清晰，但我知道，它们都在这所城市中，无比真实地存在过。

恋上一座城，只因我在这里邂逅过令人着迷的味道，曾经迷醉的不是佳肴的美味——它甚至只能寒酸地缩身于街头巷尾，而是那里面所蕴含的时光的味道。品味，是泪水与欢笑浇灌起来的对家的深深依赖，对爱与关怀、温情与缱绻的渴望。而家与故乡总是很难分割，有一片永远为你亮着灯火的地方是家，家在深夜仍飘出令你痴恋的味道的城市里，这座城市便是不变的故乡。

曾有无数游子无数次发问："何谓故乡？故乡在何方？"不是每一个你曾经驻足过的地方都会让你在梦中千百次地呼唤，醒来泪湿枕巾。故乡是那样一个地方，它一天天发生着或轻微或剧烈、或显著或不易察觉的变化，但总有些不变的味道在原地，彼时彼刻，等待你的回眸与寻找，那是光阴在思念的催化下酿成的佳醑。或许我们走得太快太远，故乡成了抹不去的累赘，或者可望而不可即的彼岸，那么请停一停，等等那个因背负了太多回忆、努力前行、气喘吁吁的老人，等等那些永远不会随风飘散的时光的味道。

我是那样深爱这座充满回忆的味道的城市，以至于我未曾离家，便已开始想家。

（张心阳，2015 年考入上海交通大学。现攻读该校博士）

我的责任

刘晋玮

每天上学放学，走过食堂，都能看到上面镌刻的大字："天下兴亡，我的责任"。

走在大街上，看着路两旁的标语，写着："创建卫生城市，你我共同的责任"。

沙老师在班里说："维持教室的卫生是同学们共同的责任。"

老爹说，保持家里关系的和谐，每个家庭成员都有责任。

那么，到底啥才是我的责任？

"你的责任就是好好学习！"老妈这个时候来了一句。

无奈之下，我在纸上重重地写下"我的责任是啥"，然后望着窗外飘落的黄叶发呆。

"好好学习，天天向上。"刚上一年级时妈妈告诉我。当时我并不明白为什么要"向上"而不是"向前"。不管那些，反正要好好学习，用班里流行的话来说，就是"就该好好学习"。当时有爸爸妈妈的同事问我："你为什么要好好学习啊？"我挠头憨笑，傻傻地说："嘿嘿，不知道。"之后信口胡说："因为我想当科学家。"

现在我明白过来，那是为了梦想，为了自己的理想与爱，每个人都有责任奋斗。

"我要当班长！"我觍着脸去找老师。"好啊，说说你为什么想当班长。""因为……因为班长很厉害很厉害的，可以管很多人！"我笑着对老师说。老师的长发在风中凌乱，背着日光，感觉特别美。然后我就没当上班长。班长被一个回答是"为同学们服务"的同学夺走了。我明白过来，班长不只是权利，更多的是一份为人民服务的责任与义务。意识到这一点之后，老师对我非常满意，让我做了副班长。我哭！还我本来金灿灿、亮闪闪的班长之位！

现在我明白过来，在其位谋其政，不管在哪儿，做好自己的责任就好了。

"你们，是祖国未来的希望。建设一个强大的中国是你们的责任。"政治老师如是说，拖着长长的尾音。弄啥嘞？我们的责任？这明明是莫言、屠呦呦这些超级厉害的人的责任！我们怎么可能和综合国力扯上关系？我们只是小山村里的一群天真无邪的孩子！听说过"天下兴亡，匹夫有责"，没听说过"天下兴亡，学生有责"啊，还有，"匹夫"是啥？

现在我明白，我们青年人的确承担着中华民族复兴乃至崛起的责任，我们愿意做中华民族的中流砥柱和中坚力量。

随着年岁的增长，我已不是那个不谙世事的小孩子了，经历过的事情愈来愈多。我也在社会上那些泥坑中跌打滚爬过，我的责任越来越多，那不是一种负担，相反，与义务不同，那是一种自愿承担的东西。责任的承担多了一份自豪感与骄傲感，承担，意味着成长。

《菜根谭》有云：塞得物欲之路，才堪辟道义之门，驰得尘俗之间，方可挑圣贤之担。的确，正如王老师在周记里说的一句话：能力越大，责任越大。纵然我们最终都不会有"圣贤"之能，但我们的确背负的东西太多。在看《中国好声音》节目的时候，凌菱对朗格拉姆说："你肩上背的东西太多，我希望你有的时候只是一个小女孩，只为了自己唱歌。"

如果你累了，可以放下身上的背囊休息，然而我们不能丢弃，因为那里面满盛着我们的爱与希望。

我们最终长成大人，摆脱孩童的彷徨，我们最终为人父、为人母，我们的责任如树之年轮，一层层环绕却不会褪去。责任对于我们来说，是历练，是挑战，是承担，但请无论如何不要忘了我们最初的美好，那是我们一生也回不去的青春。

（刘晋玮，2016 年考入北京航空航天大学。现于国防科技大学攻读博士）

我的责任

因为我们在一起

窦婧宇

一模就这样惊心动魄、跌宕起伏地过去了。两天实在太快，弹指一挥间，尘埃已落定。

我写这篇随笔的上个课间，班里的同学正在热议某位缺席已久却依旧考得超过大部分人的同学，一片哗然，一片惊叹。

我问：那我们每天在这里度过的十三个半小时，有什么意义？

可以让你笑。有人这样回答我。

我不得不承认，这个答案深深打动了我。如果我做过的所有试卷，参加的所有考试，耗费在学校的所有时间，都不能让我比一个在家自学的同学拥有更好的成绩，至少它还能给我泪、让我笑，让我和最亲爱的你们并肩走过看不到尽头的漫长黑夜，让我听见你们的呼吸，感受你们激烈的心跳，触及蕴含在坚定目光后的无畏信念。

亲爱的，这是你，是我们一起走过的时间，是我们所有人的青春。

它本来就不是能够用分数简单衡量的，它不是可以草率地用成绩代替的。它是无数个瞬间：有上交试卷时的忐忑不安，有疯狂背书时的紧张焦虑，但也有朋友间一句玩笑的安慰关怀，有共同分享同一包零食顺便咒骂同一道题的放松痛快。十三个半小时的时间绝不会毫无意义，虽然它们不会给试卷贡献几百分，但回首，会发现过去种种并非枯燥灰暗，它们也是斑斓明快的色彩。

如果说有什么让我们和在家不一样，那就是我和你们在一起。我是多么幸运才遇见了你们，我是多么幸运才认识了你们，我是多么幸运才能和你们一起走过这艰辛的时光。我们一起喊叫，一起笑闹，一同分享，一同分担。

也许一年后我们会忘记一模的成绩，但我们记得老师上课讲过的笑话和吐槽；也许三年后我们会忘记没有假期的痛苦，但我们会记得全班挤在一起看电影的那一晚；也许五年后我们会忘记做得熟练的题，但我们会记得起哄过的某某人和某某人；也许十年后我们会忘记高考的紧张不安，但我们会记得考完后在操场上自由漫步谈天说地的时光；也许几十年后我们会忘记自己的整个高中时代——但是我一定会记得你们，我一定会记得那曾经年轻的心在暗夜里澎湃，记得你们燃烧的目光坚定地看向远方。我的青春不死，因为我曾和你们一同走过。

终于相信，曾经并肩走过的时间永远不会毫无意义。因为，亲爱的，这是我们永远的青春，是我们一起走过的十八岁的青春。

（窦靖宇，2017年考入复旦大学。现于该校攻读博士）

比邻而居

刘可伊

夜晚 11 点，钢琴声准时响起。那琴声来自我家楼上。你以为这栋楼里住着一位夜猫子艺术家？错了。那琴声来自初学者之手，单调、蹩脚、稚嫩，甚至带着急于求成的味道。

演奏者大概是个小孩子，小小的手艰难地弹着沉重的琴键。旁边也许是严肃的母亲，双手抱在胸前，厉声道：坐着，别哭丧着脸，再来一遍！于是那琴声仿佛被按下了单曲循环键，在短暂的止息过后重新开始。

欣慰的是，在一遍又一遍练习后，演奏出的曲子终于变得流畅——尽管演奏者极不情愿，但在乐曲的结尾，欢快的音调依然暴露了他内心的一丝得意。就像不喜欢物理的我，在拿了满分之后，嘴角仍会控制不住往上扬。

每天，我听着琴声入眠，又被琴声唤醒。琴声和一个高三学子的生活节奏完全契合——当然，他比我勤奋。我们很有默契：当我做完最后一道选择题时，琴声恰好停止；当我渐入梦乡时，第二轮练习刚好开始。

早晨，妈妈总会抱怨，楼上五点的闹钟、沉重的琴声扰了她的清梦。"要不我去楼上找找他们？吵到你睡觉了吗？"她皱着眉头道。

我摇头。刮风打雷下暴雨，楼上装修、楼下除草都吵不醒我，更何况这柔弱的琴声。

妈妈说："好吧，算了，那家的孩子也怪可怜的。"

她自然而然地认为那是个孩子，或许这就是感同身受吧。处在关键时期的我何尝不是练琴者呢？纸笔是我的琴键，试卷是我的琴谱——一曲接着一曲，一册接着一册！而我的楼下，是否也曾被早出晚归的我惊醒过呢？

看一个弹钢琴的视频，镜头对着干净的黑白琴键，修长的手指在其上跳跃，乐声如汩汩清泉流入心扉。

拉开评论，皆是惊叹："好帅！""心动了！""会弹琴的都是天使"……我轻笑，如果他是你的邻居呢？错误百出的练习曲将打破不少人心中的幻梦。

钢琴王子也不过是个凡人！

前几日，琴曲换了一首。琴声又回到数月之前的僵硬。我哭笑不得，这次又要练习多久呢？

罢了，身为你的楼下，我只能选择倾听，即使你并不知道，深夜里，有一位忠实的听众。

（刘可伊，2018年考入复旦大学）

比邻而居

战疫岁月

杨嘉迅

还记得，当一切都静止下来的那一刻吗？就在高考前一百多天，城市按下了暂停键。一切，悄然改变。街上的车水马龙凝固，电视里的主持人神色凝重，连最乐观的亲戚也不得不接受：形势严峻。新闻充满临战的气氛：火神山、雷神山拔地而起，"运20"降落武汉机场，全国驰援武汉。你真真切切感受到历史车轮的飞速运转。

开始上网课。前几天还在纠结寒假作业写不完的同学们在一瞬间长大，互相隔离的世界中，在互联网战壕里并肩作战。群里每天都有近千条消息，真所谓患难见真情。

拉一张小木桌，放上笔记本、平板电脑和一株绿植，面对窗外寂静的新湖广场，坐在房间的正中央，好像生活又有了期盼。你照照镜子：口罩捂出了痘痘，熬夜刷新闻看出了黑眼圈，足不出户背又有点驼，胡子没刮头发没剪，简直是一塌糊涂。然而和同学们第一次测试腾讯会议，看着一张张熟悉的、亲切的、灰头土脸的面庞，大家开怀大笑。

"火神山"QQ群存储了数不清的试卷，也承载了太多的快乐。今天摸鱼忘了关麦，明天不小心忘了起床，这样的日子，高考一点点变得不再真实。本以为，老师们都很土，搞不懂上网课需要的各种技能。然而，与你想象的不同，老师们紧随时代潮流：兴爷克服困难自制触控笔板书公式，爽姐玩转高科技直播上课，王磊老师课堂思维导图、试卷分析报告"一卷到底"……

如果说理科教学方法"在时代风云中推陈出新"，语言学科则用身躯挡在时代的狂风骤雨前。语文课和英语课还是最爱。不是因为喜欢咬文嚼字，也不仅仅是语言能把疫情中的孤岛串连，而是在文字、语言与文化的港湾中，你可以在焦虑时逃离，亦可在消沉时重新站立。传统文化的辩证与诗意给了接纳现实的坦然，当代文化的星辰大海赋予了积极生活的勇气。老郭和Erica都明白，语言远不是应试，语言首先是用来认知世界、运转思维的。两位老师好像成了不讲心理的心理咨询师、不谈政治的政治教导员，把人文关怀、思政教育悄悄融入每一个教学环节中。

大家都忍不住看新闻，关注疫情，那为什么不让大家看呢？她们选择用"战地教学法"，在"炮火声"中一石二鸟：老郭早读领读时政评论文章，写疫情的作文和小诗（还发了人生第一篇推送）；Erica找来各大国际媒体文字、视频报道训练阅读和听力。早读变得引人入胜，每天早晨6点床的磁力好像变得没那么大了。老郭沉稳、有情怀，带着我们一起哭、一起笑；Erica理性、阳光，照亮我们的居家生活。

医护工作者义无反顾地投身一线，党员、军人冲到最凶险的病床前，他们可以在时代波涛汹涌之间踏浪前行，为众人开辟生路。好像意识到，人生的意义可以被再定位。是和所有人一样，按部就班，在升学、科研、工作这些赛道上内卷挤破头，还是及时变道、追寻意义，舍弃一些舒适来触碰人生的未定义？自由与牺牲的辩证法，这是每天思考的核心。

每天坐在小屋中央的木桌前，看着眼前的枯枝绽开了绿叶。风吹绿了小城，却还没有吹走疫情。国内疫情趋于缓和，国外疫情开始蔓延。这样悠长的日子还能持续多久？窗外总是很安静，虫鸣与鸟啼重新占据了城市，阳光白白洒到地上也没人来享受。这个春天，原始、狂野又孤独。你按捺不住躁动的心，想要改变生锈的身体，开始每天自己锻炼。每天累，但心中踏实。强大的躯壳能够找到平衡感。

就这样，春风中传来了开学的消息。才意识到，这可能是几年内与家人最长久的朝夕相处。与其说是陪伴，不如说是磨合。虽然在一起会经历磕磕绊绊，但要分开时，是恍然大悟。父母总是在送别你更成熟的背影，你却在不断挣脱父母更加衰老的身躯。想到这一点，就伤心不已。这是一家人最美好的悠长岁月。高考被推迟，希望它永远不会到来。但高考又意味着奔赴理想，必须奔赴理想，和家人告别。

再次相遇在教室，见到"战友"，格外亲切。但是一切都和原来不再一样了。

疫情走了，可能偶尔再回来。我们的生活方式也跟着走了，却永远没有回来。高三（6）班走了，大家不再回头。但那一段悠长的岁月不会走，那是我们不容篡改的集体记忆，是我们生命中的黄金岁月。它代表着坚韧、顽强与在变革中自若的勇气。

（杨嘉迅，2020 年考入清华大学）

郭师傅的文艺人生

杜　康

我们总是喜欢抱怨。抱怨短暂的假期，抱怨枯燥的生活，抱怨来来去去的人们，抱怨周而复始的别离。于是我们义无反顾地跳进坏情绪的旋涡，又在挣扎时丢失了仅有的一点点情怀。

所以我们总会忘记年少时坐在椅子上，窗外那些斑斑点点的阳光透过树叶的间隙洒在地上的样子，以及风乍起，又吹皱满地的影子。

生活也没有那么糟，不是吗？苦涩的不是命运，而是我们自己。

有时候感觉我们就像十字路口的信号灯，日复一日守护在同一个地方，目送着来来往往的人们。但我们总要学着从黑暗中醒来，继续发出自己的光。

知乎有个问题："在德州一中读书，是怎样一种体验？"

一个很有意思的答案是："老郭说，爬山虎盛了又败，我们都只是过客。"

说实话，来这之前，偌大一所中学，我有所耳闻的老师只有郭师傅和"沙 sir"两个人。2012 年"沙 sir"的声威达到最高峰，报纸上有专题报道，网络上也流传出他的种种神奇。相比之下，郭师傅的名号就没那么响亮，如果不是她的学生，恐怕得是经由熟人提起才能知道，那个小小的圈子里生活着这样一位大侠。

中考完，听到初中班主任李梅老师提起郭师傅，心里还带着一丝期待，总以为一个仗剑天涯的大侠会美髯长袍鲜衣怒马地出现在我眼前。那会儿我还愤世嫉俗，觉得生不逢时，总认为一个郭大侠就能带着我挣脱考试的苦海，再不用穿着棉袄洗澡。

这幻想持续了两年。两年里我和我的高中生活进行着激烈的战斗，我无法接受初中时赫赫有名高中时却寂寂无闻的现状，我忧伤，我狂躁，我甚至把无名之火发在老师身上，觉得是她们道行不够，不能救我于深渊。很久之后我妈告诉我，她还从来没见我竟然还会那样狂傲，恨不得把眼界凌驾在所有人之上——其实哪有什么恃才放旷，不过是见识太少，看轻了别人又放大了自己。

两年中关于郭大侠的期待不停累积，直到遇见郭师傅，这个小梦想竟有些支离破碎。这个有些消瘦，说话总是微笑着的人，真的是郭大侠吗？

感觉自己心心念念的那个大侠在现实面前被剥去了洒脱不羁的灵魂，郭师傅不是杨过，也不是郭靖，而是杨家将里的穆桂英。

这个改变只是源于一件小事。

从小到大我们遇到各种各样的强权，其中很少有人肯站在高处低下头来。家长如此，老师更如此：高一时我们班的课总会陷入困境，年轻老师不肯认错，我们戾气满身，为一个极小的问题会争论很久，到最后大家脸红脖子粗地发现一节课完全牺牲在无意义的争吵上；"沙sir"正相反，几乎没人敢指出他的问题，而他总是在整理步骤时推出自己的错误，再嘲笑整个班都没人能看出来。尽管这些细节和老师的授课质量无关，但作为弱势一方，我们更希望能和老师站在同一高度俯瞰这个世界，而不是抬起头听老师说他们看到了什么。

高三了，郭师傅来了。

她和我们初见不久，没有用海量的作业与惩罚树立自己的权威，每天都面带笑容飘进教室，用典型的郭式幽默打趣着煎熬在题海中的我们。

有天讲古文，郭师傅讲错了一道题。那应该是个很明显的错误，我记得她讲完后我和小胖面面相觑时。我们生怕郭师傅会耗尽剩余的时间证明自己的正确，又或者奸笑地说一句"我知道，我就是故意讲错来考验你们有没有走神"。

我们犹豫着，有人举手提出来。

郭师傅一愣，笑了起来："呀，我讲错了！对不起，我把刚才那道题讲错了，大家注意一下。"

事实证明，郭师傅承认错误的勇气不是一般人可以比拟的。我也曾单纯为了和老师作对坚持自己的错误观点而不肯悔改，也曾和阿水冷战很多天绝口不提道歉的事情。很久以后，当我听到张教授那句"共和精神就是妥协精神"的时候，第一个想到的竟然是郭师傅。因为郭师傅习惯了勇敢地说出"我错了"与"对不起"而丝毫不顾及面子，从某种意义上讲，这是一种气度：容忍别人看到自己的不完美，允许别人指出自己的不完美，这应当是一个大侠最起码的品质。

当然，只凭气度成不了大侠。我知道，郭师傅也知道。

高三那年是我至今为止最无助的一年，明明高考就在眼前，却不知道自己能怎样挽救将倾的大厦。未知带来的恐惧从墙角中、从黑板里悄悄沁出来，淹没了我的眼眶，一点点撕扯着我大脑中对生活仅剩的情趣。

不只是我们，所有老师都沦陷在一种灰色的情绪中。每周都是从第一个循环中粘贴过来的模板：刷题、考试、讲题，从一个睡眼蒙眬进行到下一个睡眼蒙眬。

郭师傅是个例外，她依旧喜欢笑着上课也笑着训人，那种久经沙场磨砺出的淡定是聒噪的夏天也融化不了的。有天刚下过雨，空气里弥漫着略带腥味的清新，大多数人的心情忽晴忽雨地切换着。

郭师傅走进教室，看见一群人萎靡不振的模样。

"啪"的一声，郭师傅把学案拍在讲桌上："这节课我们不讲课，大家随意看看窗外写写诗，如果有兴趣也可以把你的心情读给大家听。"

高考前的日子里，时间珍贵得已经没有人敢奢侈地拿出一节课用来看风景。很多人犹犹豫豫不肯停笔。郭师傅又说出她那句经典的

"放下执念"，要求每个人认真看清陪伴自己的世界。印象里，那也许是我们最后一次集体望向窗外。综合楼外那棵大树挡住径直射过来的阳光，整个校园里铺满因风吹雨打而掉落的叶子。一个充满生机掺杂着黄色与绿色的校园，盛开在初夏的季节。

我低下头，想写些什么送给这里也送给这群人，却只听见刷刷的写字声和轻微的叹息声。抬起头，郭师傅正微笑着注视我们。

阳光透过露珠折射进一条彩虹，我感到有瀑布从眼睑垂下。

当天晚上我和果子聊天。他高二就通过了中科大少年班的自主招生，没经历高三就开始享受大学的悠闲。

我问他："你知道你没经历高三，最遗憾的应该是什么吗？"

果子发来疑问的表情。

"不是没有一起奋斗的岁月，而是没有一起守望郭师傅传授的情怀。"

"情怀"是郭师傅最喜欢的词。

遇见郭师傅之前，我本以为"情怀"是一个近乎被大家遗忘的词语。所有同学都不可避免地紧盯着成绩单上的起起伏伏，没人可以免俗。有首歌叫《杀死那个石家庄人》，底下最伤感的评论是"很多人25岁就死了，只是到了75岁才埋"。尽管我还没有那样绝望，但我总觉得在血淋淋的生存面前，谈"情怀"是一件很勉强的事情。

因此听到郭师傅最初提到"情怀"，我只是当听了个笑话。

那会儿风靡的阅读材料不是哪本名著，而是各类素材类教辅。名人轶事与心灵鸡汤通过碎片化的咀嚼成为暂时的记忆，似乎大家可以迅速成为博古通今的学者，每次考场作文仿佛都成为同一格式下的流水化生产。

郭师傅却带着我们一起读书，为我们印发各类阅读材料，带着我们一起送别百岁杨绛，一起讨论科比退役，一起哼唱许巍的《生活不止眼前的苟且》……后来我坐在法大的教室里，想起很多人与很多事，想起文人风骨与社会民主。或许我可以说，如果没有郭师傅为我们提供的另一个世界，我们极有可能在那一两百天中成为雷米提到的盲鱼——只是游动，却不知道未来在何方。

那天和几个人聚会，无意中聊到郭师傅。大学里他们的专业与人文没有任何关联，换句话说，跟郭师傅学习的几个月是他们最后一次接触语文。无论今后他们的生活多么缺乏乐趣，也没人会指引他们探索一方叫"情怀"的天地。聊着聊着，话题转到郭师傅让我们为同桌写过的诗。大家谈起涵哥为静静写的"也藏有零食无数"，谈起小胖为老胡写的"远看白脸公，近看胡煜东。抬头语数外，低头刷理综"，放肆地笑出声来。

笑吧，笑吧，希望多年以后我们站在生活的不如意前，不至于只是眼睁睁看着它挑衅，而是用一腔情怀追寻那剩余的十之一二。

郭师傅最能征服我的，是她的文采。

一中吧里有篇经典的帖子，是郭师傅多年前为学生的毕业典礼写的诗。

如果说高考是阴晴难测的天空

你就是那高傲飞翔的海燕

如果说高考是波诡云谲的海洋

你就是那乘风破浪的帆船

如果说高考是没有硝烟的战场

你就是那冲锋陷阵的勇士

可是高考就是高考

你就是你

最好的你

我的孩子

我的英雄

…………

毕业将近一年，回看这首诗都忍不住落泪。没有华丽堆砌出的伤感，一字一句中尽是慈母般的关怀。郭师傅说，很多学长学姐都曾趴在她的肩头痛哭，而她只是在描述那一滴滴眼泪中诉说的坚守与离别。我想我开始懂得，真正优秀的作品与辞藻无关，只有情感才能擦拭风沙，让人读出其中的故事。

郭师傅的文艺人生

离家奔赴大学前夕，我和几个人回去看老师，恰巧碰到沙 sir 在寻找能在一中开学典礼上发表毕业生演讲的同学。沙 sir 温和地笑着，很随意地问一句我们之中谁开学最晚。结果出人意料，我竟然凭借开学晚这一莫名其妙的优势争取到了其他人幻想了很久的演讲机会。

那几个人挪揄我，说既然自诩是才子，就不要写那些俗套的东西。

我应下，心里却没底。

回到家打开电脑，面对着空空荡荡的文档，我呆坐了两天，没有写下一个字。想到即将站在几千人面前做一个演讲，我生怕自己会驾驭不了这个庞大的话题，更心虚没有傲人成绩的自己会成为一个笑柄。我就问郭师傅，有没有什么好的建议。

郭师傅高冷地表示她什么建议都不会给我。她说过，只要我们一毕业，就再也不会参与我们的事情——事实上，这不是第一次也不会是最后一次听到郭师傅的拒绝。一方面，她的学生确实多，以她的性格，绝不想被很多人打扰；另一方面，郭师傅真的看淡了很多，总有种随心所欲的超然存在。

于是我硬着头皮自己写完了演讲稿。

后来却是意想不到的成功，有人夸我写得棒，有人赞扬我的情怀。但我觉得最特别的评价是云霞的一句话："能写出这稿子的人，一听就是郭老师的学生。"

据说郭师傅年轻时，有不少追求者。

我猛地想起曾经开过的玩笑："如果郭师傅年轻 20 岁，我会不顾一切地追郭师傅。"时过境迁，我已经不会再这样说，但我想大多数人都在期待会有一个像郭师傅的人出现在自己面前，用她的文艺与潇洒让你怦然心动：她的才华像一柄锥子，扎破了禁锢她的袋子，因此不少人写东西都会寻求她的帮助；她的洒脱像一个气球，离开了捆绑她的绳子，因此她有对牢骚说"不"的勇气，也有唯我独尊的霸气；她的睿智像一道光芒，刺透了她暗淡的影子，因此她总能坦然经过别人的趋之若鹜，去追求自己真正想要的东西。

郭师傅从进入一中的大门起就承担起高三的教学，十几年来持续扎根在高三实验班的讲台，学生校服背后的数字不停增长，她则从这个年级漂到那个年级而从未止步。我常想，对郭师傅而言，桃李满天下是最合适的赞誉，这座小城里最优秀的人才或多或少与她有着关联，尊敬着她也崇拜着她，这该是郭师傅最大的成就感吧。

但是郭师傅很少发朋友圈晒她的生活，貌似风风火火的她不喜欢别人过多关注自己。她隐藏在寂寞的角落笑傲着高考的江湖，在刀光剑影中做着拯救学生的大侠。或许她的生活也很枯燥，也有很大的压力；她也会被无数人推挤着前进，也会在很多无奈中坚持自己最初的选择；她也被迫说着"再见"，也要在一张张别离的照片中露出笑容。

但她毕竟是郭师傅。一个奇女子，平凡而不平庸，文艺却不矫情。

因为有情怀，哪怕凡人的心里也不会只是一片荒原。

（杜康，2016 年考入中国政法大学，本硕连读。现就职于北京）

后　记
青春纪念册

想出这本书很长时间了。关于语文学科的思考、关于教学实践的反思和总结、关于学生培养的感悟……零零碎碎写过不少文章，散见于报纸杂志，见知于知音好友，只是不成系统，观点也未必正确，汇总成一本书，难免心生忐忑。

然而，东鳞西爪，累积多了，渐渐生出敝帚自珍之感，因为一字一句都是真实的记录，是二十年来我与高三的"恩怨情仇"，是我和文字的深浅因缘。

二十年来，我始终站在高三教学一线，在学校的各个教学楼、各个班级之间飘来转去，经历是单一的，情绪是复杂的。

但幸运的是，每一年都有美好的遇见：不同性格却又志同道合的同事，不同面孔却又同样优秀的学生，不同过程却又同样精彩的结局，还有始终相伴左右的家人、朋友……

因为有了他们，所有压力重重、焦虑层层的日子，才会看起来云淡风轻。

感谢那些人、那些事、那烟火与诗意交织的语文课堂，感谢一路走来的风风雨雨，还有触动我、打动我，让我提笔记下的每一个瞬间。

重新翻阅这些文字，很庆幸自己曾经思考，曾经感动，曾经给过往的时光留下了点滴痕迹。重新整理这些文章，也是对自己过往的一种唤醒、一种审视，原来我经历过那么多事，遇到过那么多人，原来我曾有那么多的激情和温情，也曾有过那么多的沉淀和思考。再读自己的文章，甚至觉得有些东西现在的自己写不出来了，所以更加感谢那个曾经坚持书写的自己。

感谢在成书的过程中我大学的班主任武玉鹏教授的悉心指导，感谢陪我一起耐心打磨每一篇文章的资深编辑，感谢选录随笔时每一位学生的全力配合，还有很多鼓励我、支持我，给我提出宝贵意见的领导和同事。

这本书，也是我的青春纪念册，它记录了我的成长和改变，见证着我的努力和追寻，也在提醒我：有情怀，日子就不单调；有温度，生活就永在光明。

欢迎各位读者多提宝贵意见。

郭书新

二〇二二年八月十二日

后记 青春纪念册